ADIEU LA VIE, ADIEU L'AMOUR

DU MÊME AUTEUR

(Voir en fin de volume)

JEAN VAUTRIN

ADIEU LA VIE, ADIEU L'AMOUR

Quatre soldats français *

Chanson-feuilleton en 10 couplets et un fredon

ROBERT LAFFONT

ISBN 2-221-09881-1

À Gérard Rondeau,

À Yves Gibeau,

À ma terre lorraine,
À mes oncles Schneider, tous deux colonels.

Avant-propos

Je viens de Lorraine, une terre déchirée, un jardin de feu, labouré par les guerres. Et sans doute le pays natal, même lorsqu'on s'en est éloigné, est en nous pour toujours.

Il chemine. Il resurgit. Il s'impose.

C'est d'abord ce doux, cet humble commencement, bien planté avec l'aide du temps. Ensuite, au milieu de l'âge, c'est la poigne qui vous rehisse aux heures d'incertitude. À la fin, devant le grand fleuve rouge du sang des héros, c'est la barque du passeur emplie d'images déteintes qui revogue devant nos yeux pour la moindre douceur de cœur. Les statues des anciens morts nous parlent à l'oreille.

Buée des plaintes, hachis de batailles. Grands mutilés. Charges de fougue. Grivetons bleu horizon, poilus de la Quatorze. Enterrés du fort de Vaux. Ossuaires. Photos sépia. Rêves d'héroïsme. Sommeil de cendres, les images sont toujours bruyantes.

Ma jeunesse a été marquée par les contes de famille, par la vaillance de mes oncles militaires et la voix de ma mère me raconte pour toujours qu'à Saint-Privat-la-Montagne, dans le cimetière de famille, j'ai joué, tendre enfant, sur la tombe du uhlan de la Mort et du cuirassier français qui s'étaient mutuellement embrochés au milieu des sépultures et reposaient désormais côte à côte.

Ainsi, de Meuse à Metz et de Metz à Nancy, de guerre en guerre, de folies en batailles successives, nos maisons de famille s'écroulaient-elles sous les bombes. Ainsi, le grand bruissement du sang versé et le récit de l'endurance des hommes me rendaient-ils prisonnier à jamais d'une unité vivante, d'un foisonnement, d'une hérédité, d'une responsabilité, d'un atavisme où la perspective de l'anéantissement de chair s'inscrit sans bonté, sans méchanceté non plus – simplement me place dans la lignée d'un héritage de tumulte.

À l'automne de ma vie, j'ai voulu en rendre compte. J'ai voulu donner les sources de mon pacifisme libertaire.

Rebelle, oui. Engagé, certainement. Embrigadé pour le casse-pipe des nantis, sûrement pas.

Et puis, par-dessus tout, j'ai voulu écrire un « roman aventureux » de plus. J'ai voulu accorder mon amour du roman-feuilleton à ma passion pour l'Histoire et le devenir des sociétés. J'ai voulu en quelque sorte compléter, prolonger, maçonner le travail entrepris dans *Un grand pas vers le Bon Dieu*, poursuivi dans *Le Cri du peuple* ou dans *Les Aventures de Boro, reporter photographe* (écrit avec mon ami Dan Franck). J'ai voulu avec une voix chaleureuse et populaire m'adresser au lecteur qui aime les robustes histoires, homme ou femme de grand large qui a les mollets de l'esprit faits pour le voyage, répugne à attaquer la vie au cure-dents et, plutôt que de se gratter le nombril (qu'il risque d'avoir fort beau !), n'hésite pas à galoper derrière les mousquetaires de Dumas, à se glisser dans les ruelles d'un Paris mystérieux comme celui de Hugo, d'un monde grouillant comme celui des bas-fonds du Londres de Dickens ou à se compromettre avec le mythe de ce chenapan de Lupin.

Ceux qui me suivent le savent. La musique des abandonnés est dans mon jeu. Les bancroches, les handicapés, les marginaux, les chômeurs, les différents, les laissés-pour-compte, les bannis, les impécunieux, les révolutionnaires, les humiliés, les opprimés de la société rouleau compresseur sont mes modèles. J'aime écouter les drôles de voix tremblées de ceux qui racontent l'incompréhension, l'injustice ou l'infecte saumure du monde où nous sommes. J'aime la drôle de vie chahutée de ceux qui poussent des cris de colère, des cris de doute et de révolte. J'aime leur humour qui n'a plus rien à perdre.

Encore une fois, je m'éraille ! Qui n'a jamais envisagé de capturer le flot des incertitudes écumeuses de l'espèce humaine ? Qui n'a jamais rêvé d'enfermer le spectacle du monde en fusion dans le tumulte des pages ? Qui n'a jamais regardé s'écouler le torrent de la vie ? Qui n'a jamais participé à ses drames, à son indifférence, à son renoncement ? Qui n'a jamais été fasciné par les êtres ? Qui n'a jamais envisagé de mettre les matériaux de l'écrit au service d'une histoire de grandes limites et de grand bruit, à la densité indiscutable, à la lumière irregardable ?

Ainsi vont les héros que vous allez découvrir. En 1917, la terre est force et meurtrissure.

L'espace de trois livres, je vous invite à suivre les destins entrecroisés de quatre soldats français que rien, ni la géographie de leur naissance, ni leur origine sociale, ni les ambitions, ni l'éducation, ni les projets, n'auraient dû réunir et qui, devant l'inutilité du sacrifice demandé, vont conjuguer bravoure et amitié pour se sortir du bourbier où les a jetés l'abominable massacre et aborder, le cœur empli de rage, la société civile en pleine mutation qui ne les attend déjà plus.

J.V.

On faisait bon ménage, au fond, avec la Mort,
Et puis, on se sentait soulevé par des forces !
De nos âmes tombaient, comme tombe une écorce,
La tristesse, l'envie égoïste, la peur,
Les vieux instincts séchés se détachaient du cœur.
Dans la fraternité des souffrances égales,
Les mains que l'on serrait paraissaient plus loyales.
Chaque matin nouveau nous retrouvait plus forts !

Maurice BOUIGNOL,
tué d'une balle en plein front.
Agrégé de lettres.

Premier couplet

LE JARDIN DES ALLONGÉS

1.

La terre expectorait la terre, vomisseuse phénoménale, volcan sale à volutes putrides, dégobilleuse à tout va, elle recrachait les hommes, pantins lancés en l'air, un déluge de fonte et d'acier partout retournait le sol, excavait des cratères, enterrait des statues de glaise qui avaient eu le nom d'hommes – mais pouvait-on encore parler d'hommes à propos de ces mannequins raidis par le froid et la peur – alors que le fleuve mugissant, le grand train cadencé des obus, le *trommelfeuer* de von Boehm recouvrait la campagne, ouvrait le ciel gris de crachats flamboyants, fracassait les derniers arbres, redessinait la colline et que, gravissant la pente d'en face par un champ retourné, à la corne d'une élévation de pierraille, un maigre contingent de petits bleus du 60e BCP s'acharnait devant le mufle des mitrailleuses ennemies ?

Combien étaient-ils ce 16 avril 1917 ? Combien étaient-ils à se présenter au pied du plateau de Malmaison ? Combien graviraient les pentes du « mont Sapin » ?

Cloués au sol, patraques à la colique, les poilus haletaient.

Du massif forestier de Saint-Gobain jusqu'aux ondulations crayeuses de Champagne, l'offensive Nivelle lancée contre la ligne Hindenburg se heurtait à des obstacles infranchissables. La progression de l'infanterie lancée en région très boisée avait été gênée par les tirs de l'artillerie lourde qui, sous le prétexte de préparer l'avancée des troupes d'assaut, avait retourné le terrain en un souk étrange – tartouillage végétal, méli-mélo de terre fouillée et de fils barbelés – et l'avait transformé en un chaos inextricable.

Il avait plu toute la nuit. Le temps était couvert. Les observateurs ne pouvaient déchiffrer le terrain. Le commandant était mort, le lieutenant était éventré, ses abattis partis en mouscaille. Un sergent moustachu gouvernait désormais la mort d'une cinquantaine de chasseurs à pied, rescapés de l'armée Mazel. En avant, les petits, en avant ! Le sous-off levait son revolver et s'élançait le premier. Derrière lui, on trébuchait. On repartait.

Bouger, c'était mourir.

*

* *

La gueule cracheuse des armes automatiques dissimulées dans l'entablement calcaire du plateau découpait le premier rang de la bleusaille. Les gars s'aplatissaient dans la disloque ou, frappés en plein vol, rendaient leurs fusils en les jetant en l'air.

Au milieu des cris et des râles, la voix d'un poilu, seul au fond d'un trou d'eau, s'était mise à gueuler, sa face d'égoutier tournée vers la fumée rampante, il vociférait le nom de ses copains : « Arnaud ! Raoul ! Boris ! Les aminches ! Où êtes-vous ? Où êtes-vous, les poteaux ? C'est moi, c'est Ramier ! »

L'enterré vif était graissé à la boue, au sirop de boyasse, plein de glave et de morfle, rincé au sang, cuirassé aux excréments, il était noir cirage avec des yeux blancs, recouvert de fange, à demi asphyxié par un cadavre qu'il essayait d'écarter, il cherchait à le retourner sans ménagement par le milieu, il avait trempé sa main dans les tripes du mort qui lui semblait lourd comme un crime, qui lui versait dans la gueule, placé en travers de son thorax – un type raide aux pattes disloquées et le ventre à l'air.

Le rescapé s'égouttait les doigts, une odeur de merde imprégnait sa capote, il bougeait un peu, putain, il cherchait à s'extirper de la gangue, son corps était gravé dans la tourbe, partout ça ronflait de plus belle, il braillait je suis là, les poteaux, il hurlait, je suis là ! Je vis ! Et tant que ça peut ! *Ich bin da !* Il se voyait en charogne. On allait l'oublier. Il avait l'effroi du tréfonds. Il repensait à Roux, à Basset, à Monin, des mecs d'Auxerre, classe 4, comme lui, qui étaient restés coincés au fond de leur trou plusieurs jours et avaient fini par clamser dans la sagouille. Il redoublait de furie, il se refoutait à râler, son désespoir était inouï.

— Ramier ! il rebeuglait. Ramier, le pêcheur de brochets, vous savez ? le p'tit gars de la rue du Pont ! Un sanglot bref l'emportait, René Maupetit, merde ! de Dieu ! René des alouettes et des queues de cerises, René d'Irancy ! C'est mézigue, personne d'autre ! Ramier, vot' pote qui fait couaque au fond d'un égout ! Ramier qui crève comme tranche à canon ! Il vomissait la boue qu'il avait dans la bouche, bon Dieu, les gars, rappliquez en vitesse ! J' suis en bonne santé !

*
* *

D'un index rageur il s'agrandissait les trous de nez pour faire passer l'air, voilà, je respire maintenant, il riait le statufié en boules de glaise, voilà qu'il criait de plus belle, j'suis pas encore raplati ! Pour s'expliquer, il remuait, il gigotait si fort qu'il avait fini par faire glisser le tas de chairs gluantes qui l'embourbait.

Peu à peu, il sortait de sa berlue. Il émergeait avec lenteur de la confiture d'homme, rampait sous les débris, faisait son chemin avec obstination, forniquait à l'aveugle une demi-livre de poumons en bourtouillade, touchait à d'autres bidoches, s'enfonçait, trifouillait une clavicule sèche, barre-toi, gouape infecte, les mots dansaient dans sa bouche, place aux macchabées d'aujourd'hui, il grommelait, le blair au vent il se traînait sur le bide, cloporte à glu, il avançait sous sa carapace immonde, il se faisait penser à ces foutus débardeurs d'excréments, genre bestioles scarabées qui deviennent bleues quand les gamins leur crachent dessus, les bousiers, le mot du dictionnaire lui revenait, il se voyait en géotrupe de dernière catégorie, roulant sa boule de merde devant lui, il écartait des pelotes de chevelures, des flingots, des godasses avec ses bras courts, son ventre était trempé comme un mouchoir de rhume, il insultait les squelettes et les clamsés d'avant-hier pour enrayer son envie de gerber, il déblayait l'ordure décomposée, c'était un sacré tintouin, veux-tu aller t'allonger plus loin, nom d'un foutre ! Il venait d'écrouler un tas d'ossailles, il avait commencé à se dresser sur ses guibolles, j'te jure que j't'en veux pas mon camarade mais tu cognes plus dur qu'une fosse d'abattoir, il tâtait ses propres phalanges, ses poignets, palpait ses miches, vérifiait l'enroulis de ses molletières jusqu'à la tige des godillots, deux pieds, y a l'compte, quel bonheur ! à part la tête qui branle, le ventre est superbe et un, deux, trois, tout le monde sont là, mes bijoux de famille sont en place, il s'extasiait. Il levait ses bras comme deux bâtons. Il grimaçait, il clinquait de partout quand il faisait un effort. À part le tuer une prochaine fois, les vilains vilains de von Marwitz ne pouvaient plus rien contre lui.

*
* *

Il faisait des bulles avec sa bouche comme un crapaud, oula, oula, pensez donc, il marmonnait, je tangue, je tiens pour ainsi dire par les boutons de ma vareuse. Mais c'est normal. Je reviens de loin. Il titubait deux pas de guingois au fond du cacatoir, au milieu de l'odeur impitoyable, reprenait pied au fond de l'entonnoir, sacré bain de gadouille contre les rhumatismes j'ai pris, sacrée ignominie il grinçait, mais je ne suis ni noyé ni criblé. Je vais bientôt béquiller aussi bien qu'avant. Ramier faisait l'essayage de ses bras, de ses genoux, il arrêtait pas de faire claquer ses doigts en pichenettes, de mouliner jusqu'aux épaules, il s'épongeait la merde sur le front d'un revers d'avant-bras, s'en retartouillait un peu sur le blair, n'importe, il astiquait son corps perclus de douleurs, c'était pas la joie de se baisser et de remettre la mécanique en marche mais il articulait sans grimace, il pliait du côté où il voulait, tous ses mouvements étaient exquis, la nuque, les reins, le cul, c'était parfait !

Maintenant, il cherchait à remonter les pentes du trou où il avait été propulsé par l'explosion de l'engin lancé par le *minenwerfer*, soufflé, enfoncé, malaxé, il faisait gaffe à pas glisser, trois fois déjà il s'était planté le menton dans le jus de sang, il rampait dans un cliquetis de gamelles, se hissait du coude dans l'éboulis mêlé d'abattis, de fils de fer, l'esprit râleux, mauvais, accompagné par des bruits de succion, aspiré par l'embouse horrible, glué au sol crapoteux, figure d'ailleurs, halluciné revenant des grandes abysses, le nez enfoncé dans le remuement de terrain, lentement, il gravissait la rampe à gadoue, glissait à mesure, dégoulinait, se rattrapait, recommençait son ascension dans la bouillasse, avançait la boule en feu, les oreilles sifflantes, pitoyable lombric, redécouvrait le champ de bataille, l'enchevêtrement des barbelés, le ricanement des mitrailleuses et, là-bas, la clameur des soldats qui s'enfilaient à la baïonnette pour gagner la crête du *Chemin des Dames* et reprendre l'avantage sur une poignée de fridolins survivants, des Allemands mitoyens, d'autres statues de terre, identique chair à fusil, et frères de désespoir.

*
* *

Arc-bouté tout en haut de son volcan éteint, les doigts crochés dans la terre assassinée, Ramier avait une vue dégagée sur les exploits des petits chasseurs du 60e enfouis dans le pétrin du corps à corps. Il écoutait la musique des cris d'égorgés.

La lumière naissante éclairait de biais le parcours des tranchées renforcées de casemates. La pluie s'était arrêtée. Un pâle soleil faisait mine de percer la nue. Au travers des fumées âcres et grises, les yeux écarquillés, il distinguait un galop de capotes bleues. Il entendait le fracas des grands couteaux, le trépignement des passes d'armes, le rebondis des pas dans la pierraille. De temps en temps, le gros boum d'un revolver d'ordonnance déchargé à bout portant sur une face trop vite surgie, une poitrine offerte, résonnait avec les échos d'un cauchemar.

Dans ce tourbillon de folie, au milieu des cris de terreur, des relents de gaz laissés par les obus à ypérite, le griveton imaginait ses copains d'escouade, ses amis de cœur, le distingué Raoul Montech, éleveur de vins aux senteurs de réglisse en pays sauternais, le sensible Boris Malinowitch Korodine, dit « Malno », rapin de la butte Montmartre, et le séduisant Arnaud de Tincry, dilapidateur des rentes de son père, découpant au coude à coude la boyauderie de ceux d'en face, baignant dans un grand lac de massacre, encerclés, menacés, veillant à la ruée qui s'amenait sur leurs flancs pour les piquer. sauvages à la lardoire, enfonçant leurs lames cruciformes dans les entrailles des Bavarois de l'autre camp, féroces à ne pas croire, méchants de ne pas vouloir périr embrochés, paniqués d'être pris par-derrière, les rognons planqués par la musette, le trou du cul convulsé, sauve qui peut la bidoche, plaintes et gargouillis de gorge, il les voyait comme s'il y était, et que je t'assène et que je te pointe et que je te fourche, souquant dans un tonnerre de jurons, au milieu d'un hachis de crânes, enjambant la poitrine des agonisants, empêtrés dans les fondrières, soufflant un peu, barrant en tornade, s'extirpant du piège des *creutes,* ces carrières creusées à même la roche qui dévoilaient des nids de mitrailleuses, hurlant une mise en garde pour les camarades, gaffe à droite ! trois amis soudés qui avançaient ensemble, triplés de la turpitude, donneurs de fer dans les boyaux, taillant dans la viande, embrochant vif les pouilleux de la casemate d'en face, des barbus engniolés comme eux à l'alcool d'alambic, des grelus en pleine chiasse, trois amis qui essayaient de survivre à la morsure de l'abominable vipère de guerre et ressortaient hagards du combat, le regard fixe d'avoir dû procéder à l'ultime nettoyage des ratatinés, tandis qu'ici et là-bas, né dans cette tranchée, au creux de ce boyau, derrière un petit mur effondré, un cri unique, une bramée barbare et sanguinaire montait, se conjuguait en dissonances sauvages, sortie des poitrines d'une pincée de vainqueurs exténués, cent abrutis bestiaux encore debout, effigies de crème et de boue qui, l'écume à la bouche, héros d'un autre monde, rescapés de malédiction, essayaient d'oublier l'avertissement de la mort prochaine, chassaient son mufle répugnant de leur présent hébété et, la ciboule cinglée, commotionnés d'être en vie, erraient parmi la légion des morts et des blessés éviscérés et basculaient dans les bribes d'un rire de possédés.

*
* *

Les poilus riaient. Ils riaient d'être encore de ce monde. Ils riaient sans gaieté. Ils riaient simplement d'être capables de rire. Ils écoutaient le son de leurs propres voix et s'esclaffer était une façon de se palper le ventre.

Rien de plus.

Les grivetons happaient l'air.

Autour d'eux, des mourants geignaient.

2.

Leurs flingots appuyés à la muraille de caillasse, les hommes du sergent Capdebosc s'entre-regardaient sans parler. Leurs gloussements de rigolade s'étaient espacés. De plus en plus crispés, de plus en plus nerveux et mécaniques, les accès de cette fausse joie s'étaient éteints par petites secousses. Maintenant, les hommes donnaient l'impression de revenir d'un harassant voyage. Bossus de fatigue, hébétés pour la plupart, ils attendaient qu'un ordre les arrachât de leur torpeur.

Artifaillés de bandelettes, des blessés suppliaient pour un peu d'eau. Une balle avait emporté la joue d'un blondinet ébréché jusqu'aux gencives. Non loin de lui, un autre gosse, les yeux embués de larmes, restait débardé en travers du sillon ainsi qu'un arbre sec. Au fond de son regard fixe, il n'était plus question que de son corps traversé par l'acier tordu. Tout au bout de lui-même, le pantalon brûlé, roussi, n'avait plus qu'une jambe. Au croisement d'une ornière pleine d'eau et d'une galerie renforcée par des étais, la nuque appuyée à une grosse pierre, un vieux à la chemise mordue par les balles, lacérée au passage, bourrait son ventre ensanglanté des charpies d'un linge rouge.

*

* *

La jambe lourde, le visage crevassé de boue jusqu'aux yeux, Raoul Montech, dit « Sauternes », se tenait à l'écart. Du fond de ses trente-sept ans, il regardait la vallée de l'Aisne brasée par le grand chalumeau de la guerre. La bataille des crêtes avait donné au paysage un air de folie.

Adossé au parapet d'un ouvrage pris et repris quatre fois, le caporal Montech inspectait avec une minutie triste et singulière la grandeur inattendue du spectacle qui s'offrait à lui et à ses compagnons de mêlée. Il avait allumé sa pipe de *scaferlati* et lançait au ciel de courtes volutes bleues, tôt emportées par le vent.

Une fois de plus, il avait le sentiment d'une grande boucherie inutile et se demandait où était passé Ramier depuis le moment où il l'avait vu, sur sa droite, voltigeant dans les airs obscurcis de fumées noires, tourneboulant avant de disparaître dans l'entonnoir creusé par le bombardement.

Il chaussa lentement ses jumelles, les dirigea vers le bas de la pente, puis remonta le terrain chamboulé comme terre à pâté par les obus des artilleurs. Il fouilla un long moment le sol lunaire jonché de cadavres, essayant de retrouver parmi les vestiges de fûts de sapins tronqués le chemin ivre suivi par son escouade et lui-même, après qu'ils eurent surgi en hurlant du fond des tranchées.

Tandis qu'il cherchait ses anciennes positions, il ne découvrit qu'un imbroglio de chevaux de frise retournés, des trous, des cailloux, des blocages de béton, des terrasses de boue, un inextricable amas de fer et de bois et, plus loin, en remontant vers les lignes, des abords de batteries de 75 retournés sauvagement.

*
* *

À contre-jour du champ de bataille, Arnaud de Tincry surveillait la ronde incessante des silhouettes galopantes qui s'affairaient pour porter secours aux blessés. D'où il se trouvait, à cheval sur un muret, il entendait les bruits cloutés des infirmiers dérapant sur la pierraille et paraissait subjugué par la plénitude sauvage du concert d'agonie. Comme son ami Montech, comme tous les survivants du 13ᵉ bataillon, il émergeait lentement du néant.

Il avait posé son index sur sa bouche pour s'empêcher de parler. Les épaules tombantes, la nuque soudée par la lassitude, il regardait le sergent Capdebosc accroupi dans un boyau déserté par les fridolins. Le sous-officier avait jeté son casque à la rigole. Les cheveux sauvagement ébouriffés, il ferraillait sur un téléphone de campagne et cherchait à obtenir une liaison avec l'état-major.

Un soleil lourd et orageux avait succédé à la pluie glaciale. Posé sur les épaules, il assommait les hommes engoncés dans leurs capotes.

*
* *

Arnaud continuait à observer le sergent du coin de l'œil. Capdebosc était de modeste extraction et se flattait d'avoir été socialiste dès 1905. À moulinets redoublés, l'ancien boulanger tournaillait la manivelle de son téléphone de campagne. Il décrochait. Il portait l'écouteur à l'oreille. Il auscultait le grésillement. Il écoutait la chanson du lointain. La contrariété se lisait sur son visage en sueur.

— J'étais sûr qu'on me répondrait pas ! grognassait-il. Maintenant que tous les chefs sont clamsés et que c'est moi qui encaisse la mitraille à leur place, y a plus personne pour nous donner un coup de main sur le terrain !

D'une pâtée de sa large main, il aurait pu écraser l'appareil de transmission. Mais quoi ? Avec misère et résignation, le sergent s'en était pris à la carcasse de son propre corps comme si elle ne lui appartenait pas. Il l'apostrophait. Il tapait avec ses gros poings noueux sur son estomac comme sur un tambour de ville. À coups redoublés, il frappait son garde-manger.

Il répétait des fois et des fois :

— T'es au bout de ma patience, Théophile Capdebosc ! Fais quelque chose ! Tu vas pas te les fondre au soleil ! Y faut mettre la main sur un galonné !

Il fricotait à nouveau avec sa manivelle.

*
* *

De manière très inattendue, Arnaud de Tincry, qui ne perdait pas une miette de son manège, venait de pouffer de rire. Victime d'un relâchement de tout son être. D'une force venue de loin. Il venait d'être secoué par un spasme de gaieté qui le dépassait, le submergeait, alors même qu'il faisait un effort intense pour en canaliser l'absurdité.

Mais va ! Le vent avait beau lui souffler la charogne sous le nez, il riait encore pour ce qu'il venait de voir. Il gardait mal sa salive dans la bouche. Honteux presque de manifester les signes de l'insouciance alors qu'on était en pleine mouise et pourtant, ramené à la vie, ragaillardi par la présence d'un simple papillon de choux, chassé par le vent d'ouest, qui venait de passer sous le nez épaté du sergent. Il regardait s'éloigner le chétif insecte et battait des paupières tandis que le frêle messager d'espoir poursuivait son chemin ivre de butineur en s'acharnant à voleter au-dessus d'une campagne rase et remuée qui donnait l'impression d'être éteinte pour au moins un grand siècle.

*
* *

Les yeux d'Arnaud de Tincry avaient depuis longtemps perdu de vue le lépidoptère mais continuaient à planer au-dessus de la terre outragée.

Plus de vie. Même pas d'insectes. De la flotte en eaux usées, de la boue excrémentielle, corruption et ciel d'apocalypse. Le reste, le souffle, c'était juste de l'air nauséabond qui passait, imprégné d'un relent de charogne.

Et pourtant, soumise aux lamentations et aux râles des demi-noyés, des emportés vifs, des presque morts, réduite à une lente déambulation sous le faix des nuages croulants, la vie refusait de s'arrêter. Ce n'est pas aussi simple que cela, pensait le jeune soldat. Toutes les vilenies seront toujours domptées par la nature. Il s'était mis à fixer le fond d'un excavation obscure où, sur le damier d'un miroir d'eau huileuse, cotonnait le soleil. Bon Dieu ! s'émerveillait-il, la chose est sûre ! Elle est tranchée ! Un jour, sur les pentes de ce cratère de merde, la végétation reprendra ses droits. Une sente de verdure serpentera jusqu'au fond de ce trou d'obus. Un jour, une claire jeune fille empruntera même ce chemin pour y retrouver son galant. La taille fine, balançant de la jupe aux sabots, elle se jettera dans ses bras. Elle le nommera tendrement par son prénom – Franz ou Albert –, selon le dénouement qu'aura connu le sort de la guerre. Peut-être le coquin lui aura-t-il cueilli des mûres poussées au creux du roncier qui, saison après saison, aura recouvert l'affût du canon et la capote de l'artilleur.

Et ainsi passeront les années du futur qui tissent l'oubli du sacrifice et ramènent l'espoir, sans passion ni préférence. Française ou allemande, la terre, ogresse salvatrice, toujours triomphe. Elle nivelle, elle abreuve, elle fertilise, elle redonne la vie à de minuscules destins. Elle capture la naissance d'un autre devenir. Elle bouche les orbites, elle remplit le crâne de celui-ci qui était un génie du temps de son vivant, elle fait germer le blé dans ses poumons, donne son teint aux fleurs, leur haleine aux roses ou préfère les orties.

À la fin du calendrier des souffrances, le dernier acte est écrit ! La légèreté radieuse de l'instinct de vie rebouche le flacon de l'horreur. C'est à vous couper le souffle ! Et comment ne voit-on pas plus clair dans les grandes absurdies de notre passage ? La guerre nous assassine, alors que nous avons été placés sur cette terre *par amour*.

*
* *

Face au gigantesque décor d'arbres sauvagement décapités et d'enrochements noyés dans la gadoue, Arnaud puisait le seul ressort de ses forces dans une colère sourde. La hargne de vivre et l'envie de mourir devenaient ses seuls partages. Il humait l'odeur pénétrante et légèrement capiteuse de la fermentation végétale et une douceur exténuante envahissait maintenant la nuque et les membres du jeune combattant.

Lui aussi avait retiré son casque.

Dans un ciel tatoué d'éclairs, le soleil grimpait lentement au ciel de suie et éclairait ses prunelles grises de reflets étincelants. Seigneur ! En quelle planète de fous se trouvait-il ? En quel purin des hommes ? Tout était si lourd à porter, soudain.

3.

Pendant un bref instant, la pensée d'Arnaud s'absenta. Il se revit, jeune enfant, au château de Tincry, à quelques dizaines de kilomètres de Metz, là où il avait été élevé.

Avec tout l'entêtement dont il était capable, il ferma les paupières pour susciter des images qui lui étaient familières. Une coulure attentive, heureuse et douce envahit son visage et lissa ses joues. Aussitôt, la vie rêvée fut en lui, avec une grande clarté. Bientôt même, sa musique fut si forte et si battante qu'elle supplanta la réalité.

Les yeux mi-clos, le jeune homme laissait s'installer en lui la défaillance de son âme.

Au moment où son être, perclus de fatigue, subissait l'inéluctable préjudice de cette guerre qui interdisait à la jeunesse de définir un demain, il éprouvait le besoin de ramasser toutes les brindilles de ses souvenirs et de les porter sur un tas, au fond du jardin. Oublieux du champ de bataille, il dévisageait donc son passé avec une grande intensité.

Son corps immobile était pris par la poigne d'un froid glacial. Sa bouche restait en suspens sur un demi-sourire.

Il se revoyait bambin, marchant à peine. Amarré au balancement d'un pan d'étoffe, il suivait la jupe de sa gouvernante d'un pas d'oison hésitant.

À cinq ans, plus assuré de son équilibre, il jouait au cerceau dans les allées du parc. Plus tard, galopin aux genoux couronnés, il avait pris une belle assurance.

Oublieux de la saumure où il se trouvait, Arnaud avait sauté du muret. Il avait fait quelques pas. Sa silhouette, élégante malgré l'uniforme empesé par la boue, le distinguait de ses camarades. Sans en bien mesurer la raison, il se sentait gai comme une belle page de musique. Et c'est poussé par l'instinct d'une curiosité sourde envers ses propres origines qu'il obéissait à la force mystérieuse qui rabattait fatalement ses pensées en direction de sa mère.

Il découvrait dans sa mémoire deux grands yeux bruns, d'une remarquable douceur. Une bouche sensuelle et moqueuse. Une silhouette impudiquement découpée à contre-jour de la fenêtre du jardin. Et si, âgée de quarante ans à peine, cette jeune femme aux épaules à l'arrondi parfait était tôt devenue une femme déchirée dans son ventre, une femme vidée de son sang, une morte au teint d'ivoire, le souvenir qu'elle laissait ressemblait encore à un tenace germe de vie.

*
* *

Tant qu'elle avait été de ce monde, Gabrielle de Tincry avait été une sentinelle bravant la passée des jours. Elle avait su se faire la chroniqueuse des temps heureux. Elle avait fidèlement enregistré les gestes de ses proches, excellant à fixer sur les plaques de son appareil photographique les poses de circonstance des endimanchés à cols durs, la parade des raides redingotes et les fous rires de l'été au bord de la rivière.

Soudain, une folle envie prenait Arnaud de feuilleter le résumé sépia de cette portion de son existence tel qu'au fil des ans elle avait été archivée, photo après photo, dans l'album de famille des Tincry.

Instantanés jaunis, déjà. Images d'un bonheur facile, peuplé d'ours de liège et d'ânons conduits par des enfants. Gestes figés, volés, clichés venus du silence. Nés du dégoût des jours bruts. De cette permanence du combat d'une épouse délaissée par un mari attardé à flairer d'autres jupons contre la monotonie quotidienne.

Résignée à accepter les péripéties d'une existence qui s'annonçait minuscule, la jeune fille, dès avant son mariage, avait pris l'habitude de fixer ce qui lui tombait sous l'objectif.

Plus tard, la bague au doigt, derrière la simplicité des arbres centenaires, au hasard des photos de groupes, à l'issue des banquets interminables, nul mieux qu'elle ne sut jamais – avec la lumière, avec l'ombre – dévoiler la vérité des yeux tournés vers l'appareil, éblouis par l'amour et brouillés parfois par le vin – un peu – qui cherchaient la compassion des siens derrière le verre dépoli. La jeune artiste avait conquis la complicité de tous. Ne voyait-elle pas plus loin que la simple apparence des gestes, que la tartufferie des attitudes et des mœurs ? Avec son petit chapeau incliné coquin sur ses cheveux bien peignés n'était-elle pas capable d'arrêter l'heure quand elle filait trop vite au cadran de la vie ?

Chacun s'accordait à lui reconnaître un vrai don pour capter au vol de l'ironie ou de l'observation la façon raide des timides prenant la pose, les langueurs de corps des demoiselles à l'heure de la sieste, l'emphase des messieurs de la famille lancés, un cigare à la main, dans d'interminables prosopopées dédiées à leurs ancêtres et dont l'envolée pesante, assortie d'une eau-de-vie de mirabelle et d'un feu de cheminée, recouvrait mal le vide immense des heures mortes, passées dans la salle de billard.

À Tincry, en pays de Lorraine, les hivers étaient rudes. Il gelait à pierre fendre. Le temps n'en finissait pas avec ses glissements de vêtements contre les cloisons. Avec ses chuchotements.

Voilà sans doute pourquoi chacun réclamait des fêtes. Voilà pourquoi Gabrielle avait eu l'occasion d'exercer son talent de photographe.

*
* *

Personne comme elle pour saisir la malice des couseuses papotant autour des chaises dans le clair-obscur de l'office, personne de sa façon pour capter les friponneries derrière les paravents des chambres de bonnes ou pour démasquer la lubricité de noceurs des oncles, à l'ombre des lingeries. Personne non plus pour débusquer les chuchotis de sacristie des tantes à guimpe, croquer les complots d'alcôve ou les faussetés de cœur des jeunes coqs en costumes de communiants qui se haussaient du col devant le piano pour mériter leur réputation de petits prodiges.

Sur les clichés de Gabrielle, enfin, les hommes tenaient leur juste pesanteur ! Ils étaient solennels et décorés. Bedonnants dans des pantalons à pied. L'âme dispose, au soir de leurs noces. Lavés de toute dissimulation, vingt ans plus tard. Ils prenaient la posture sans vergogne, ils affichaient leur caractère.

La bouche était fine, le regard serré, la chair était

blanche. Ils se révélaient vifs et flous dans le mouvement. Nets, s'ils s'asseyaient pour toujours dans de profonds fauteuils. Ils regardaient les femmes de chambre d'un air canaille. Ils enviaient les initiatives conquérantes des célibataires qui abîment les réputations de la jeunesse et souillent en un seul été l'avenir des demoiselles.

À la belle saison, la maisonnée revivait. On accueillait les voisins. La jeunesse des propriétés mitoyennes. Et même parfois, des parents éloignés, des gens huppés, des équipages qui venaient de Pange ou de Jallaucourt. D'Ornain ou de Dieulouard. Voire de Nancy, la ducale.

On soupait. On s'attardait. On se racontait. On logeait au château. On dansait. On dansait dans l'odeur des tilleuls. On s'évaluait. On se plaisait. On revenait l'année suivante. On se mariait si affinités ou arrangements de notaires. On fabriquait des mioches. On se faisait prendre en photo.

Dehors, sous le ciel d'août, les pique-niques, les thés de charmilles, les soirées reprenaient leur train. À l'intérieur de la vaste demeure, les fleurs étaient silencieuses autour des murs blancs.

*

* *

Elles avaient enfin leur heure.

Elles, les femmes casées, les honnêtes femmes mariées, celles qui s'étaient peinturées pour l'occasion avec juste assez de rouge sur les joues et avaient laissé leurs lèvres au naturel. Elles bravaient la chaleur du soir qui tombait pourtant encore rude et s'approchaient de la piste de danse. Sortant de l'ombre des grands arbres où elles avaient fait tapisserie et causette, l'éventail voletant, la poitrine battante, elles reprenaient en main leur cavalier. En retour de leurs injonctions, les hommes se soumettaient de bonne grâce. Ils souriaient doucement.

Sur la terrasse dominant le parc, s'organisait le bal des convenances.

D'un geste empressé, les maris, les fiancés, enlaçaient ces dames. Vivement, sans chercher à se dégager de cette étreinte qui leur fabriquait une joie rayonnante, les chastes colombes promises dès l'âge de dix-sept ans, les bourgeoises plus rassises, se lovaient entre les bras des hauts messieurs à moustache.

Un, deux, trois, la valse, elles respiraient leur transpiration, elles inhalaient leur haleine teintée de vapeurs d'armagnac et de buées de *Londrès.* Elles sentaient la tiédeur de leurs estomacs bombus comme les avant-propos de la tiédeur du lit. Un instant après, enfermées dans les mille tours et remous de leurs robes, elles valsaient les yeux mi-clos.

C'était donc cela le bonheur ? Tourner comme une toupie à grandes embardées jusqu'à ce que la musique et l'amour vous donnent envie de faire un enfant ?

4.

Les oiseaux de pluie passaient et repassaient dans le ciel de crépuscule. L'herbe et les enfants grandissaient sans qu'on y prît garde. L'album de photos prenait des plumes chaque année. Il grossissait. Il s'enrichissait de nouveaux visages. De nouvelles scènes de genre.

Ici, on se gavait de mirabelles. Là, on dégustait une friture de goujons de Moselle. Ailleurs, on s'apprêtait à faire un croquet sous les fenêtres de la maison. Derrière la serre, l'oncle Runkele peignait sa barbiche à la veille d'un tête à tête de quelques instants avec Mme Birbaum. Dans le potager, fanaient les dernières roses.

— Fameuse journée, mon oncle !

Voilà Arnaud qui surgissait d'une allée.

— Tu m'as surpris, brigand ! Comme tu as grandi !

Le petit ressemblait à un sauvageon. Travesti en militaire anglais de l'époque coloniale, il était Jim la Jungle ou Livingstone. Il déposait sa carabine *Reine* à air comprimé contre un muret de pierres sèches et se retournait vers la maison de maître. Sur les marches qui menaient à la terrasse de la vaste demeure, il découvrait Lucien, son frère aîné.

Ce dernier lui adressait un signe amical et convenu. Il

était bien coiffé, les cheveux partagés par une raie. Il tenait un livre à tranche dorée sous son bras gauche.

— Où est Thérèse ? s'époumonait Jim la Jungle dans la distance. Je veux jouer avec Thérèse !

Thérèse était la si jolie cousine de Dieulouard. Thérèse la fantasque, Thérèse, avec ses nœuds à coque dans les cheveux. Avec ses joues de nacre. Ses grands yeux bleus. Ses baisers de sucre.

Lucien, depuis le perron, haussait les épaules. Il ne s'abaissait pas à crier sa réponse. La douceur n'était pas sur ses lèvres. Il feignait de ne pas savoir, il ne voulait jamais faire croire qu'il savait où se trouvait Thérèse. Il était trop amoureux d'elle pour dévoiler ses sentiments. Il était bien trop jaloux de son cadet pour lui révéler que la petite fille au front bombé, aux étoffes raides, se trouvait dans l'orangerie avec ses poupées et attendait son prince charmant, illuminée comme une petite âme sur le chemin de la lumière.

*
* *

Dans la tranchée du Chemin des Dames, le sourire d'Arnaud de Tincry venait de se faner soudain. Une ombre légère avait rembruni le front du rêveur. Où était Thérèse à cette minute même ? En quels bras ? Où donc, en quel lieu, en quelle horreur de guerre respirait Lucien ? Se trouvait-il au front, lui aussi ? Descendait-il en colonne dans le sombre couloir des tranchées ? Pataugeait-il dans la boue ? Connaissait-il pas plutôt « la vie de château » dans un état-major ?

Les pensées du jeune soldat étaient plus vastes que la mer. Ses desseins plus grands que l'abîme. Au fond de ses yeux mal ouverts, le temps se perdait en échos interminables.

Cependant, au bout de quelques instants, sans que son esprit l'eût réinstallé dans le réalisme affreux du champ de bataille, il bougeait la main et la passait sur son visage. Embrumé d'une préoccupation constante, son imagination l'emportait à nouveau vers l'éternelle impatience de son adolescence.

*
* *

Il avait quinze ans révolus. À Tincry, on s'était avancé aux portes de l'automne. Les forêts profondes rougeoyaient. En s'éloignant du parc du château, elles plongeaient vers d'obscurs vallons où, il n'y a pas si longtemps encore, on entendait hurler le loup.

À dix ans de distance, Arnaud se souvenait de sa fascination pour l'inconnu. Chaque soir, il gagnait le couvert du bois. Il allait inspecter le sombre. Et pourtant jamais il ne s'aventurait plus loin que la première ligne d'arbres. Il tremblait d'avoir peur de rester. Il était malade de sa sauvagerie.

Au collège, souvent, il faisait bande à part. Il avait sans cesse l'impression d'être différent. Derrière lui, on complotait. Il sentait qu'il était l'objet de cancaneries secrètes. Il s'était aperçu que la moquerie de ses condisciples l'atteignait plus que n'importe quoi.

Parfois, il se révoltait. La violence accourait sur son visage. Arnaud se sentait impatient d'aborder l'âge d'homme. Il s'apprêtait à passer en seconde classique. Latin-Grec. Et, comme le lui serinait son père, conscient de la lenteur des jours lorsqu'on a quinze ans, c'était le devoir des jeunes gens de se faire une raison et de se plier aux obligations de leur éducation. Pour un adolescent en classe de seconde, hormis Virgile et Cicéron, point de salut. Un être accompli pouvait dormir et manger pour se tenir en santé. Mais huit heures de latin ne devaient faire peur à personne.

Le reste, c'était de la prière.

Le jeune Arnaud ahanait donc sur ses humanités. Or, un soir qu'il était muré dans sa solitude ordinaire et qu'il se tenait, à son habitude, à la lisière du sombre bocage bornant la propriété, il vit s'avancer vers lui un grand chien ébouriffé qui était inséparable de son père. En effet, à peine le mâtin aux allures pacifiques lui eût-il léché les mains, qu'il entendit venir dans son dos le pas régulier de celui qui régnait sur bêtes et gens.

5.

Le comte Hubert de Tincry était un homme sévère, à la silhouette élevée, au regard gris et tranchant, à la bouche voluptueuse et triste. L'adolescent se souviendrait à jamais comment, ce fameux soir, il s'était penché sur lui avec une familiarité intimidante.

— Faisons banquette ensemble, mon fils, avait-il proposé dès l'abord en faisant la gueule douce. J'ai à te parler. Asseyons-nous donc sur cette traverse de chêne.

Les contreforts de la forêt s'accordaient au silence. Les sens en éveil, le grand bleu de Gascogne avait commencé à flibuster autour des taillis les plus proches. Une sorte de lumière pauvre dessinait encore les contours du vallon. Longtemps, le père ne proféra pas un mot.

Il s'était posé sur le siège et avait développé devant lui ses longues jambes. Le chien, calquant son attitude sur celle de son maître, avait accepté de se coucher dans la poussière du chemin. La tête posée entre ses pattes puissantes, de temps à autre, il bâillait.

— Je veux m'adresser à toi comme à un adulte, Arnaud, avait fini par dire M. de Tincry avec une grande insinuation dans le regard.

— Vous le pouvez sans détour, père.

Le fils ne s'était jamais hasardé à tutoyer son géniteur.

Ce dernier gardait ses poings fermés sur ses genoux et même dans ses habits de campagne, avec son visage sec et ses yeux impérieux, n'avait pas exactement l'air d'être de la compagnie des gens qui servent les autres.

— Arnaud, commença-t-il avec hauteur, je n'ai rien à te montrer que tu ne connaisses. C'est que ton éducation a pris bonne tournure, je crois.

— Oui, père.

— Je m'en réjouis.

Et avec une voix lointaine :

— Qu'aimeras-tu faire, plus tard ?

Le garçon avait dévisagé l'inquisiteur avec méfiance, puis il avait baissé la tête, comme le respect le lui imposait.

À voix distincte, il avait dit :

— J'aimerais prendre aux riches et redistribuer aux pauvres.

Et cette phrase, qui, en d'autres temps, aurait pu passer pour anodine, avait fait lever entre le jeune homme et son père une sorte d'astre pâle.

Hubert de Tincry s'était mordu les lèvres. Après un tapement excédé du pied, il avait grommelé avec une grande fièvre :

— J'apprécie ton humour mon garçon et je sais que tes quinze ans et ton esprit indépendant te conduisent à ressembler de plus en plus à une vilaine badine de repousse sur un rosier, mais, ce soir, j'aimerais que tu reconnaisses ton effronterie et que tu formules tes projets autrement. Est-ce une carrière de juge que tu envisages ?

Arnaud n'avait pas répondu. Progressivement, il s'était redressé comme s'il émergeait du placard de ses rêves. Ses nerfs étaient vivants comme des cordes.

— Vous m'avez bien entendu, père. J'aimerais prendre aux riches ce qu'ils ne méritent pas et redistribuer aux pauvres ce qui leur manque le plus, avait-il persisté dans son élan du moment.

Ses joues s'étaient empourprées.

— Prendre n'est pas un métier, jeune homme, avait fini par trancher le comte de Tincry. C'est tout au plus une attitude. Quelque chose qui s'apparente à la révolte... à l'anarchie !

— Je sais, avait répondu Arnaud sur un ton glacial. Aussi bien, j'envisage de devenir voleur.

Le front crispé, M. de Tincry avait haussé les épaules.

— Est-ce qu'un serpent t'a mordu, mon garçon ? s'était-il avisé. À quelle hauteur s'il te plaît ?

Il avait croisé le regard du révolté. Il y avait lu un fatras de pensées et d'images violentes qu'il ne savait pas interpréter. Et submergé par un soupir contrarié :

— Nous reparlerons de cette affaire quand tu auras nettoyé ta cervelle avec Pline le Jeune, avait-il marmonné en proie à un désarroi profond. En attendant, tais-toi, je te prie !

Il avait haussé le ton. Le grand chien courant avait levé la tête d'entre ses pattes.

— Je me tairai, mon père, avait rétorqué sourdement le jeune homme, parce que c'est votre volonté. Mais même si la sagesse de se taire est la première nécessité pour la vie d'un débutant, je ne changerai pas de cap.

*

* *

M. de Tincry s'était refermé sur lui-même. Les mains soudées, il dessinait du talon de sa chaussure un rond autour d'un caillou. Il restait muet, livrant une lutte terrible pour se contrôler. Arnaud l'avait suivi, se réfugiant dans le désert de sa révolte. Et ainsi le père et le fils se tenaient-ils sur la cendre. Au bord d'un camp dont le feu venait de s'éteindre.

Le taïaut, quant à lui, les avait abandonnés subitement. Au-delà d'un semis de jeunes sapins, de cul et de pointe, il fourgonnait les fourrés comme un valet du diable et, le fouet battant à doubles croches, poussait mille plaintes.

— Il est sur la voie d'un lièvre, proféra malgré lui M. de Tincry.

Comme libéré par ce que faisait son chien, il avait fini par agiter son pied. Il avait une manière à lui de faire glisser sa chaussure sur le sol. Il poussait la poussière avec la tranche de sa semelle de façon à enterrer le caillou.

Il reprit la conversation comme ceci :

— J'ai toujours veillé à ce que tu ne manques de rien. J'ai tout fait pour qu'il te soit prodigué une éducation conforme à ton intelligence.

Et après une courte hésitation, ses yeux fouillants noyés dans ceux de son fils :

— Petit ! tout au long de ta jeunesse tu as pu apprécier les qualités de ta préceptrice. Elle t'a suffisamment accompagné et conseillé au fil de tes études et de la vie quotidienne pour que tu puisses évaluer la vérité de ses vertus.

— Mlle Massenet ?...

— Eh bien, oui, Mlle Massenet ! s'irrita Hubert de Tincry qui venait enfin de lâcher le regard de son fils. Je ne te parle pourtant pas en chinois ! Elle est douce et cultivée. Je la trouve attrayante et je vais l'épouser ! Qu'y a-t-il de si étrange dans ma conduite ?

C'était soudain comme si Arnaud avait frappé à des portes d'airain. Ils restèrent un moment immobiles. Ils s'observaient.

— Même si j'ai quelque peu forniqué à la mort de ma femme, prononça d'une voix sourde M. de Tincry en écartant devant lui le demi-cercle de ses longs bras décharnés, tu peux te fier à ce que tu vois aujourd'hui : j'aime Mathilde !

Il avait retiré son large chapeau noir, découvrant les rides de son front. On devinait quelqu'un qui avait beaucoup flotté, bu quelques flacons de vin de Moselle et ferraillé pas mal.

De très loin, des bruits affaiblis parvenaient aux deux hommes, des sons trop assoupis pour les inquiéter. Les mains jointes sur leurs genoux, ils attendaient. Leurs cœurs séchaient dans leurs poitrines. Et pas un ne bougeait pour aider l'autre.

— Je vais me remarier, s'entêta le père en auscultant la distance afin de voir s'il apercevait son chien. Et les circonstances se dessinent de telle sorte que nos vies, Arnaud, vont se séparer. Ta mère...

— Maman est morte depuis trois ans. Morte d'avoir été trop seule.

— Morte d'une terrible maladie du sang !

— Morte du bonheur lénifiant où vous l'aviez enfermée !

— Tais-toi ! Tais-toi ! Tu ne sais rien ! Celle que tu appelais ta mère n'était pas ta vraie mère, s'écria M. de Tincry à voix précipitée. Et comme si le ciel soudain était trop haut, il lâcha aussitôt :

— Lucien et toi n'êtes donc que demi-frères !

Le sang s'était retiré des joues du jeune homme. Mais même à l'annonce de sa bâtardise, Arnaud était encore prêt à enjamber les montagnes.

— Mon père, mon père, avait-il demandé, une seule question m'importe. M'aimez-vous encore ? M'aimez-vous comme un fils ?

Les lèvres d'Hubert de Tincry paraissaient arides. Son visage ne trahissait ni émotion, ni sentiment. Dans la distance, le chien, désormais invisible, venait de farder son aboiement d'un hurlement de meute, il clabaudait sur un mode très grave.

— Il a levé son gibier ! marmonna le comte.

Il s'était dressé et, ayant escaladé le dos d'un talus, avait mis la main en visière tandis que les jappements du taïaut s'éloignaient dans le sous-bois.

— Je t'aime comme ma propre chair, avait-il prononcé mécaniquement une fois juché sur son perchoir. C'est ma future épouse qui ne tient pas à vivre sous le même toit que ma descendance.

Arnaud qui se tenait à ses pieds le dévisageait avec des yeux effrayés. Il paraissait foudroyé.

— Mais mon frère ? avait-il balbutié. Que lui adviendra-t-il ?

Aujourd'hui encore, il remontait à sa mémoire égarée la résonance de l'étrange réponse que lui avait faite son père en descendant du promontoire pour reprendre pied sur le chemin.

— Même s'il est ton aîné, Lucien est moins aventureux que toi. Il restera au château. Ta vie, désormais se jouera ailleurs. Tu verras, la terre est pleine de nouveaux parages... J'ai tout prévu, bien sûr, pour que tu ne manques de rien.

— Vous n'entendrez plus jamais parler de moi, avait murmuré Arnaud avec un grande fermeté.

Ayant ainsi soufflé la chandelle de sa vie heureuse, il avait quitté les siens avec les yeux secs pour aller vivre à Paris une existence d'étudiant.

*
* *

Appuyé au rempart de la tranchée, le jeune homme venait de frissonner. Je suis comme le chien qui revient à son vomissement, pensa-t-il avec une sorte de dégoût de lui-même. Il faut être sot pour vouloir retourner, fût-ce par la pensée, sur les lieux des temps heureux. Je ne remettrai jamais les pieds au château ! Et d'ailleurs, quand bien même je le voudrais, je ne le pourrais pas. Tincry est en terre allemande. Il faudrait d'abord gagner la guerre pour retrouver le droit d'en franchir le seuil !

Avec une vraie terreur au fond des yeux, le jeune Lorrain s'était dressé sur ses jambes encore flageolantes et, après quelques pas, s'était arrêté devant la face mutilée d'un camarade de combat qui gisait affaissé à l'entrée d'une galerie.

Ce qui avait été le visage du supplicié n'était plus qu'une coulée informe.

Arnaud fixait le malheureux. Os frontal et sphénoïde éclatés. Les pupilles tournées vers l'irregardable caverne de la blessure, le jeune poilu acceptait de dévisager la mort ricanante empourpré de deux macarons d'un rouge vif et bravait les sortilèges de son masque grouillant. Au travers d'un turban de chairs et de cheveux poisseux, cent ruisselets de sang épouvantaient les yeux du moribond.

Les tempes comprimées par l'insupportable pression d'une poigne d'airain, Arnaud se laissa aller jusqu'à ce point infime qui est la frontière entre le devenir et le néant. Bizarre sensation de déjà ressenti. Juste une porte qui s'ouvre. Une douceur étrange qui vous accapare. Bon accueil dans une allée d'un blanc éblouissant. Le poids s'échappe du corps. Et puis, surgissent les acouphènes.

Au moment ultime, alors que sa propre cervelle se tapissait déjà de sombres glacis marbrés de rouge et qu'elle découvrait un champ d'étincelles à l'arrière de ses globes oculaires, tout son être refusa les couleurs de l'inconscience et, d'un haut-le-corps, il rendit son corps à la lumière. À la vie.

Il respira douloureusement tandis que son visage se tendait, marqué aux vagues d'un long sanglot muet.

— Et toi, Ramier ? balbutia-t-il dans un hoquet en s'adressant au moribond, au presque trépassé, en l'interpellant comme s'il était le fantôme du Bourguignon, celui de tous les morts, leur concierge pour ainsi dire, le grand appelant de tous les mutilés, l'appariteur de leurs voix éteintes, toi, mon ami, mon frère, où es-tu ? En quel bouillon de vase ? En quelle barbouille de moignons et de sang ? Il continuait à s'adresser au spectre, il l'interrogeait sur tous les Guy Maupetit qui n'étaient pas rentrés, il s'énervait sous le nez enfoncé de la gueule cassée, ses doigts attachés aux revers de la capote, il le secouait, où es-tu, Ramier ? Toi, le frelot, le petit ami prolétaire, le joli perclus d'argot, en quelle sauce de terre te trouves-tu noyé ? En quel verjus de crachat, en quelle daube de boyaux et de plaies baveuses es-tu couché mon doux libertaire, mon petit fraiseur, mon feignant pêcheur des bords de l'Yonne ?

Il était dévoré par le chagrin universel. Il papillotait. Il se trouvait au plus mal. Il revenait lentement d'un monde de catacombes

L'air empestait la chair humaine en décomposition. L'orage fuyait vers l'est. Il lui semblait qu'il avait fixé l'abominable, l'affreux spectacle du douloureux écorché pendant un temps infini. Pendant un siècle de silence.

C'est si rare, pensait-il, d'avoir le souffle coupé pendant cent ans.

6.

À quelques pas de là, Boris Korodine tâtait l'étoffe de sa capote. Plus exactement, sous l'épaisseur du drap, il palpait le plastron de sécurité que sa mère, Maria Ivanovna Malinowitch, princesse Korodine par son mariage, lui avait envoyé dans un colis de Noël, posté rue Daru.

Modèle à trente-cinq francs. Une sorte de cotte de mailles sur laquelle les balles des Huns, si l'on en croyait les gens de l'arrière (qui en vantaient la réclame), devaient s'écraser comme du mastic. En réalité, un assemblage en fil de fer qui ne protégeait pas mieux qu'un plastron amidonné sous un frac d'opéra.

« Malno », comme le surnommaient ses camarades, était un véritable géant né trente-cinq ans plus tôt dans un ghetto de Lituanie. Il était le troisième enfant d'une famille très pauvre. Hormis le souffle de sa vie et une force de taureau il n'avait rien reçu en héritage de son Malinowitch de père. Victime d'un excès de vodka, ce Casanova de la misère était mort en pleine gerbe d'étincelles dans le lit d'une voisine. Pas de regrets. Pas de remords. Le jour de ses obsèques, le pope l'avait enterré encore plus profond en prêchant que la vertu cardinale du défunt avait été de savoir se faire oublier.

Sa femme, la très dominante Ivanovna qui était très

belle, très convoitée, très imprévisible, et très ambitieuse, l'oublia donc du jour au lendemain.

Elle avait toujours rêvé de nager en grandes eaux. Elle avait la bouche large, les yeux grands ouverts, une belle absence de scrupules et le souffle d'une longue course devant soi. Elle avait légué à son fils Boris son charme, sa générosité avec l'argent des autres, ses dons artistiques et son humeur de dogue.

*
* *

Ivanovna, un jour qu'elle mendiait dans les rues de Vilnius, fut remarquée puis enlevée avec son fils par l'escorte d'un vieux prince russe qui devint fou d'elle au prétexte que, d'une main, la pauvresse demandait l'aumône avec un port de reine, tandis que, de l'autre, elle arborait un livre de Nicolas Gogol, dont elle poursuivait la lecture malgré le froid qui était vif.

Adoptés par ce haut personnage qui n'aimait rien tant que la littérature, et souhaitait se donner une épouse et un fils avant de mourir, Ivanovna était devenue princesse, ce qui allait fort bien avec son port de tête, et le jeune Boris avait entamé de succinctes études, ce qui lui convenait également.

Comme son nouveau père était riche et tolérant, il avait tôt suivi des cours de dessin, une discipline où il excellait, puis était entré à l'école des Beaux-Arts de Vilna avant de partir pour la France. Arrivé à Paris en 1909, il avait fréquenté l'atelier de Cormon puis s'était installé à Montmartre dont il avait apprécié l'esprit de bohème.

*
* *

Pour l'heure, Malno venait de tirer un portrait de sa poche de vareuse. Une œuvre cartonnée, signée d'un artiste photographe de la rue Lepic, une belle épreuve sur fond marocain. Ce cliché à la définition parfaite avait été conçu et éclairé pour mettre en valeur l'anatomie irréprochable d'une jeune femme nue, aux formes pleines, au chignon bien torché, au museau effronté. Ce ravissant modèle au teint café, étendu sur une peau de tigre et le front ceint d'un diadème de sequins, semblait poser sur son contemplateur l'invite de ses brûlants yeux de jais.

Aussi, comme un répons, Boris Korodine adressa-t-il un doux sourire à l'image.

Les muscles des mollets encore tétanisés par des crampes, conséquence inévitable du terrible assaut auquel lui et ses amis venaient de se livrer, le colosse commença à procéder à quelques flexions et gambades pour assouplir son impressionnante carcasse.

— Bon Dieu, cœur de citrouille ! se morigénait-il, pas le moment d'être gnangnan ! Partout, ça crasse ! Partout ça tue ! La vie est sale ! Lave la vie !

Ses paupières lourdes filtraient le jour, Boris était un être sensible. Un artiste raffiné dans une peau d'ours.

Il appréciait la lumière. Il l'évaluait. Il pensait aux gris et aux noirs admirables du peintre Marquet. À sa façon unique de peindre les ponts de Paris, le quai de Bourgogne ou le quai d'Orléans.

Il émit un gros soupir. Il reprit le cours de ses mouvements de gymnastique. Tous les moyens pour tenir le coup ! C'était un besoin, là, subit ! Tout en œuvre pour sortir intact du chaudron de la guerre ! Ployé ! cambré ! Debout ! Tendu ! Je tire sur les omoplates ! Je bombe le torse ! Il allait à la rencontre du soleil. Il progressait à petits pas.

Allez, hop ! J'amène tout ! J'avance ! Pour autant, il n'avait pas lâché la photo de la frivole personne. Il la tenait précieusement enfermée dans son poing.

Du coin de l'œil, il observait le joli nu couché. Il lui décernait un nouveau sourire. Il se demandait en quels draps de noctambule attardé pouvait bien s'apprivoiser la divine enfant dont le blase et la raison sociale – Fariba Faribole, *danseuse de caractère* – figuraient en lettres blanches et fantaisie au bas du cliché, certifié sans retouches.

— Ah, les petites femmes de Paris, tout de même ! bonnit soudain une voix familière. Affaire juteuse !

Boris jeta un coup d'œil par-dessus son épaule et localisa Alphonse Charpaillez.

Charpaillez, un caporal sapeur à tête de furet, une anguille de la Butte, un mariolle qui en avait dans son sac comme personne pour endormir les gogos et exploiter la bêtise de ses contemporains.

*

* *

Défrusqué de sa capote, jambes écartées et penché sur son propre abdomen, le lascar parisien était occupé à pisser avec un contentement d'homme accaparé par le sérieux de ce qu'il fait.

— Lansquiner, y a pas mieux, jouit le petit sapeur en égouttant son oiseau au soleil.

Et d'un même élan, sans se retourner :

— Fais voir un peu, Malno, ton odalisque, qu'une fois je me rince l'œil...

Dans le civil, Alphonse Charpaillez était physionomiste au *Vênus Aphrodisia*, une boîte en vogue du quartier Pigalle. Il se flattait de ne jamais oublier une personne qui avait croisé son chemin. Il avait aussi la réputation d'adorer butiner les jolies femmes.

— Avec ton boulot, tu dois consommer du nanan ! Rien que du linge de premier choix ! l'enviaient souvent ses camarades de combat.

— Juste les restes, juste les reliefs des fêtards de la nuit ! se défendait le portier de l'impasse de Guelma.

Discret sur le chapitre de ses bonnes fortunes, il se piquait cependant d'honorer les femmes plus souvent qu'à son heure. La langue au bord de la bouche, juste pour prolonger son mystère, il se taisait. Préférait, le physionomiste, se réfugier dans les plis d'une modestie incompréhensible plutôt que de divulguer l'identité des épouses, des mères, des femmes du monde, qui, confites au champagne, barbouillées à la bulle, subornées à la roteuse, perdaient la boule aux confins d'une de ces aubes cafardeuses où les vertus les plus farouches passent au flou. À l'estompe. À la trappe.

La folie des gens ! Parfois, c'est à observer ! Il arrivait qu'emportés par la fête, des maris pourtant tout à fait conformes à l'idée qu'on s'en fait, des beaux-pères décorés, des juges, des médecins, abandonnassent leur régulière au beau milieu d'une nuit un peu chaude. Sous le prétexte d'aller acheter des cigares, de se dégourdir les vernis, les indignes filaient la sorgue, se perdaient dans la foule des noceurs, s'esbignaient en ribouldingue pour quelques heures.

Les plus hardis marchaient à la culbute, atterrissaient au chabanais, entre les mains expertes d'une croqueuse à deux cents francs. Ou alors un giton raflait la mise. Une jaquette flottante, un chevalier de la rosette habillé en fille. C'était à n'y pas croire, l'effet des déguisements ! Le pouvoir trouble des garnements maquillés en abbesses ou en gisquettes était énorme sur le mental des provinciaux !

Délaissées, estourbies par le clinquant de la revue, les renards bleus, les longues cuisses des danseuses, l'éclat des cuivres, le tohu-bohu, tout le saint-frusquin, les dames de la haute restaient un moment abasourdies devant leur seau à champagne. Privées de leurs compagnons de bamboche, de leurs maris mystérieusement évaporés dans le tourbillon des danseurs, elles bâillaient de vacuité. Elles finissaient par vider toutes les coupes.

Un peu grises, un peu pompettes, quand débutait le spectacle, elles s'en mettaient plein les mirettes.

*

* *

Grand falbalas ! Trois fois par nuit, le ballet scandinave sortait des glaces de la banquise ! Pingouins, traîneaux, chapkas et fumées exotiques. Tout un bastringue polaire surgissait par la trappe de l'avant-scène. Radadoum plan plan ! Roulement de caisse ! L'aboyeur aboyait. Ouverture du rideau. Flonflons et fredaines ! Que c'était donc superbe ! La meneuse de revue passait au travers d'un disque de papier enflammé, faisait tulipe au milieu des danseuses et s'élevait comme un cygne dans les airs ! Que des beaux horizons pour tous les dîneurs ! On distribuait les petits chapeaux à élastique, toute la boutique rutilait, la salle devenait une vraie paroisse rose bonbon, suggérait des projets attrayants, les *boys* tournaient autour des esseulées pour les faire danser. Entre deux pince-fesses, on leur apportait une nouvelle bouteille de vin à bulles.

Les paupières lourdes de sommeil, elles restaient clouées sur leurs chaises dorées. La fête carabinée arrivait à son terme. Les laissées-pour-compte comprenaient lentement leur mésaventure. Ah par exemple ! Charles ou

Eugène avaient disparu pour de bon ! Elles perdaient leurs feuilles comme de toutes petites branches. Il fallait les voir, les malheureuses. À la fin de la nuit, elles ratatinaient minuscules. Et il fallait les plaindre aussi et les comprendre quand elles ressortaient du *Vénus*, les mains crispées sur le réticule. Pauvres ! L'esprit à la renverse, elles mouillaient tout le passage de leurs larmes.

Elles jaugeaient les petites lueurs des becs de gaz. L'air dehors leur faisait du bien. Elles ricanaient un peu, regardez-moi ça, portier, elles disaient, elles entrebâillaient leur décolleté entre deux sanglots, regardez mon cafard comme ça coule de ma blessure, les hommes sont tous des salauds ! Le marquis est une ordure ! Toujours prêt à s'arranger ! Si j'avais su qu'il aimait les folles !

Elles regardaient Charpaillez sanglé dans son uniforme. Elles sondaient ses grands yeux d'antilope. Genre blasé, avec sa bouche charnue et mobile, sa carnation d'hidalgo, il leur disait, allez courage, c'est pas si cassé que ça, suffirait de reprendre la nuit par le bon bout, j'habite à côté, une petite piaule à l'hôtel, votre chignon barre, marquise, vous vous recoifferez.

Elles regardaient le vague. Elles cherchaient le pour et le contre. Elles dévisageaient l'olivâtre sous sa casquette chamarrée, engoncé dans sa houppelande d'amiral, elles jouaient avec une main, lui tapotaient la joue, et lui, profiteur de mouise, vampire, tout, prodigue de son charme, le regard sombre, offert mais sans plus, avec juste ce qu'il faut d'accent commercial, disait à l'abandonnée, pleurez pas, marquise, montez jusqu'à ma corbeille, premier couloir à gauche, la porte est grande ouverte. Je vous offre le loger, le coucher et le palpé. Vous verrez, je suis assez fort du coup de reins. Je vous mettrai votre petite culotte en compote et je vous ferai passer à la douane sans douleur ! Après, vous me réciterez tous vos caprices ! Vous oublierez la politesse ! Moi, je vous le ferai à l'embrasse, au câlin, à la dorlote et à la berce. C'est pas mauvais pour les soucis.

Elles savaient plus où elles allaient, ces dames. Elles rigolaient nerveusement. C'est gentil d'essayer de nous faire marrer, elles disaient. Madame de ci ou Madame de ça, un nom à rallonges, un hôtel à Passy, trois cent mille francs de rentes, écroulait son chignon. Elle s'essayait à des grâces, tirait sur son collier de perles de la Caspienne, c'est que je suis avec ma copine. Me lâche pas, Delphine ! Tu viendras avec moi, chérie ? Le millésime de chez Ruinart m'a carrément éreintée ! Il faut que je me repose ! Nous, s'arsouiller, jeune homme, on n'a pas l'habitude, et que je te glousse, elles perdaient les arêtes de leur classe, les bonnes femmes. Aussitôt se reprenaient, sortaient les baleines, l'amidon, les faces-à-main, traitaient le factotum avec hauteur, mon pauvre Charpaillez, c'est pas un lapin dans votre genre qui va changer la face des choses ! Elles agitaient leurs pendentifs en diams, faisaient la renchérie, haussaient le sourcil, regardaient les gens par-dessus l'épaule, toisaient. Sur le point de fondre, elles disaient c'est que ça fait drôle, quand même. Elles finissaient par embarquer pour son nid d'amour, tanguaient dans l'escalier, c'était petit avec des glaces, elles quittaient pas leurs gants, elles pouvaient se voir au plafond, on grelottait à trois dans le pageot, on rigolait, ça faisait drôle quand même de sortir la boutique, hi, hi, hi, mince de fou rire nerveux ! Elles lui confiaient avec des distances de reines leur corps un peu comme on abandonne une limousine à un voiturier.

L'espace d'un simple tour de pâté de maisons.

*

* *

Et c'est comme ça qu'on l'aimait bien Alphonse Charpaillez, au 60e BCP. On l'appréciait pour sa part de mystère. Tout de même, les types se rancardaient. Ils lui demandaient :

— Mais comment tu t'y prends pour séduire ?

— Suffit d'avoir du truc ! répondait le petit caporal. En général, j'ai affaire à des conquêtes pressées ou suppliantes, des femmes qui chuchotent des choses atroces... Des caqueteuses, des larmoyantes, des vaincues qui veulent un lit ou mourir avec des comprimés. Suffit de rendre service au bon moment !

Le truc, c'était l'esprit. L'esprit et l'organisation. Et Charpaillez ne manquait ni de l'un ni de l'autre. À cette minute même, l'air désinvolte, il avançait la main gauche pour saisir la photo que tenait Boris, manière de conserver la droite enroulée en cornet autour de son sexe et de se taquiner le bâtonnet qui rosissait à vue d'œil.

— Chapeau, Malno, cette frangine-là, c'est pas une biscotte ! s'émerveilla-t-il en contemplant la danseuse Faribole.

*

* *

— Mince de marmousette ! renchérit-il en évaluant le physique épanoui de la belle enfant. Et laissant ses yeux de connaisseur effectuer un plongeon coquin sur la rondeur de sa gorge parfaite :

— Une vraie petite pomme d'amour ! Et pas le genre à faire ses papouilles en viager, la jolie guêpe ! C'est toi l'heureux gagnant ?

— Fariba Faribole est à qui elle veut, corrigea Boris. Quand elle a rendu ses plumes de danseuse au Moulin-

Rouge, elle monte parfois me voir jusqu'à l'atelier pour poser...

— À poil ?

Charpaillez avait chopé la manche de son copain. Ses yeux s'étaient mis à charbonner. C'était à se demander si le petit physionomiste n'enviait pas la bonne fortune de son camarade de tranchées.

— Fariba pose en tout bien tout honneur, dit Malno. Quand elle est fauchée, je la paye à l'heure.

— Ben voyons !

Charpaillez hocha la tête et cligna de l'œil gauche à toute allure.

— Tout de même, ton métier – barbouilleur – c'est un sacré bon truc pour déshabiller les mademoiselles ! constata-t-il en remballant ses attributs mâles au prix d'un rapide déhanchement.

— Faribole est mon modèle préféré, voilà tout.

Là-dessus encore, le portier du *Vénus* fit mauvaise caboche.

— *My foot !* douta-t-il en angliche.

Sa paupière gauche recommença à battre comme un volet et lui, renfourchant son dada :

— J' vois plus clair que tu n' crois !... Y en a qui laissent juste tomber leur pain dans la sauce, et c'est toujours les mêmes !

— Si tu veux... concéda Boris, mais je te le répète, Fariba n'est pas ma propriété exclusive.

— Me prends pas pour un tabouret, Malno ! Je suis bien sûr que tu lui fais avaler ton poussin à la demande !

*

* *

Charpaillez était vraiment agité. Il tripotait maintenant sa grosse cartouchière en cuir fauve.

— J'ai compris, va ! écuma-t-il soudain. La gosseline se fout à poil sur ton canapé, tu sors tes brosses, tu la peins au rouge qui saigne, au bleu qui cerne, tu la mignotes et après, tu la refiles aux copains !

— Il lui arrive en effet d'aller finir la soirée chez Van Dongen. Elle pose aussi pour Braque et Picasso.

— T' es vraiment pas jaloux !

— Disons que je n'ai pas de raisons de l'être.

D'un coup, y avait du trouble dans les consciences. C'est ça, Charpaillez faisait la gueule. Il se taisait. Il ruminait. On le sentait mal embouché.

— T' es sûr que ça va, toi ? s'inquiéta Boris. Il avait vraiment peur que l'autre se mette à tourner hystérique.

— D'abord, *oùkçêkilé* ton perchoir à mademoiselles ? hein ? *Où n'enkellieu,* j'aimerais savoir ? postillonna soudain le physionomiste qui venait d'entrer en combustion.

— Au Bateau-Lavoir, si ça te dit quelque chose.

— Quoi ? Ce truc en bois ?... Place machin ?

— Place Ravignan. Au numéro 23.

— L'ancienne Maison du Trappeur ! Un lieu de perdition !

— Nous sommes une dizaine de peintres et deux ou trois poètes à nicher entre ses planches.

— Je vois le genre ! Des types aux poumons infestés par l'éther et le haschich !

— Tous des bien portants ! Des garçons, des filles qui font la fête pour se réchauffer !

— La lie de l'émigration ! nasilla le petit homme avec une pointe d'amertume. Des ruskofs, des espingouins, des Magyars et des juifs !

— Ignare crétin ! C'est l'avenir de l'art contemporain que tu insultes !

— Peau de balle ! Un ban de souteneurs et une colonie de catins !

— Je ne te permets pas ! éclata Malno qui, doit-on le répéter, était un ours pour la force. Tous ces gens sont pourris de talent !

— Des rapins !... Des... des cubistes, à ce qu'on dit !

— Un mot ! un sous-entendu, tu m'entends ? Une syllabe encore ! et je t'arrache !

— Une bande de métèques !

D'une seule main, le peintre fauve avait empoigné Charpaillez par le cou, il le serrait à la jugulaire et le secouait comme un linge au-dessus du sol.

— Je vois rouge, face d'haricot ! hurlait-il dans l'indifférence générale. Je vais te tuer !

— Barca, nez de veau ! Foutu traître ! se défendait l'autre. Ses jambes pédalaient au-dessus du sol. Barca ! Je convulse ! Je vois double !

D'un coup, Charpaillez s'étouffa pour de bon.

— Brute infecte, tu me fais caner à l'asthme !

Le géant avait relâché son étreinte. Le gringalet s'était reculé pour mieux tousser.

— C'est trop con ! il râlait. Un ami comme toi, Korodine ! Tout de suite les horreurs ! Comme si les mots étaient irréfutables ! Tu m'as fait bleuir la gueule pour une poignée d'étrangers !

— Ils sont en train d'écrire une des pages les plus glorieuses de l'humanité, imbécile !

Alphonse Charpaillez haussa les épaules. Il rendit la photo de Fariba Faribole à son propriétaire. Il hocha la tête avec gravité.

Il laissa sa cervelle refroidir.

— Après tout ça se peut bien, murmura-t-il enfin. La Joconde a bien été peinturée par un rital !

*
* *

Brusquo, on se serait cru ailleurs que sur un champ de bataille. À des verstes du mont Sapin.

Le peintre s'en voulait de ses manières expéditives. Il trimbalait de long en large sa gigantesque carcasse avec l'air sombre. Il dominait le petit sapeur de sa haute taille. Il semblait en proie à un chagrin étrange et inexprimable.

Le caporal Charpaillez, lui, se grattait le cuir chevelu. Il n'avait plus rien sur la langue. Il se suçait les joues par l'intérieur.

— Quand je pense que je suis venu faire la guerre avec vous ! finit par s'indigner Boris. Me faire casser la gueule pour des abrutis de ta sorte !

Il se laissa tomber au sol comme s'il n'en pouvait plus.

— Je me rassois, tiens ! Je suis si fatigué ! Vous êtes tellement médiocres ! Je ne peux tout de même pas vous montrer mon cul, tous ! Il fait trop jour ! Vous êtes trop nombreux, tous les cons français et tous les cons allemands réunis ! Quand je pense que je me suis engagé ! Parce que j'ai voulu témoigner pour le camp de la liberté !

Charpaillez haussa rageusement les épaules.

— Ça va, je freine ! Moi aussi, à ce compte-là, je ne suis qu'un pauvre type victime des horreurs actuelles !

Il était venu se planter devant son camarade. Il avait l'air revenu à de meilleurs sentiments.

— Merde, c'est vrai, reconnut-il à voix plus tempérée, j'ai proféré un ramassis de conneries ! Mais c'était pour te faire loucher ! Toujours le sujet des femmes me fait déraper.

— Les femmes ! soupira le peintre. Pourquoi se battre pour l'une d'elles ? Il y en a des arbres entiers qui ne demandent qu'à mûrir !

— Ma foi, chacun d'entre nous a un point de vue sur la question, finit par murmurer Charpaillez. Ainsi moi, à part une envie insatiable et physique de posséder celles des autres, j'ai jamais voulu annexer le moindre cœur. D'ailleurs, je crois bien que j'ai jamais rien eu en propre. Une fois qu'elles ont pincé la chansonnette, les filles me montrent toujours la couture de leurs bas. Pfuittt, c'est comme ça ! Elles se repoudrent à la descente du lit et moi, dès qu'elles ont tourné le coin de la rue, j' les aime avec un jaune d'œuf ! Voilà toute l'affaire Charpaillez ! conclut-il en se rembrunissant.

Et s'approchant de Boris, pour lui passer la main dans le dos :

— Si je revisite mon modeste horizon, j'ai eu une curieuse existence... De temps en temps, je rencontre le ventre d'une femme du monde ou celui d'une Américaine, je m'y abrite et je suis chez moi... pour dix minutes. Le tour du propriétaire... et hop, c'est déjà fini !... Je rends toujours les clés.

Il ramassa sa capote jetée à même le sol et, ni bonjour ni bonsoir, l'esprit bouché par les femmes qu'il n'aurait pas, le petit caporal tourna le dos à son interlocuteur comme s'il n'avait jamais existé.

Il s'éloignait en clopinant dans le boyau. Peut-être que jusqu'à la fin de la guerre, il retournait vivre comme un moine. Paraît qu'il tenait des carnets secrets avec le nom et l'adresse de toutes ses conquêtes. Le bruit courait qu'il avait un hanneton dans le plafond, Charpaillez.

*
* *

Doucement, il marmonnait dans la distance :

— Toi, Malno, c'est pas pareil, t'es peintre ! T'es beau

comme un dieu ! T'es né pour la chaloupe orageuse ! Ça s' voit à tes dents écartées ! Avec les dames, tu s'ras toujours qu'un bidard !

Et comme pour lui donner raison, Boris Korodine avait déjà rejoint le camp de la vie.

Histoire de se donner du cœur au ventre, le géant s'était même mis à fredonner une ritournelle qu'il avait entendue dans la bouche du poète Max Jacob.

Max était, au Bateau-Lavoir, l'amuseur patenté de la bande. Il excellait dans toutes sortes d'imitations et plus particulièrement celles des goualeuses à voix des caf'conc'.

Rien d'anormal donc, qu'à l'issue de son algarade avec le chasseur Charpaillez, Boris Malinowitch Korodine, croisé de l'art moderne et sinoque biélorusse, saluât l'acrobate des mots avec un joli fredon. Rien de biscornu à ce qu'il entamât d'une voix de tête une tite zizique qui allait comme ceci, entre ses dents :

Ah ! pauvres femmes que nous sommes,
Nous n'avons que déceptions.
Nous adorons ces monstres d'hommes
Qui ne nous rendent pas nos passions.

Rien de surprenant à ce que Malno de Vilnius, engagé volontaire sur le front de la Somme et de Champagne, après avoir égrené ces quatre vers de mirliton, eût envie de s'offrir une vision. Un cinéma superlatif. Une pure hallucination de chair blanche. Rien de choquant à ce que cet affamé de volupté eût recours à un truquage façon Méliès, une illuse de pure magie, qui lui permît, à l'occasion d'un voyage sur la lune, de descendre d'un obus interstellaire pour prodiguer ses soins et caresses au double rebond du prosinard de Fariba Faribole et de revisiter son con grassouillet de danseuse égyptienne.

En d'autres mots, empressé à revivre par le souvenir et l'imagination les jours exubérants qu'il avait connus place Ravignan, notre peintre était prêt à tous les expédients. Il se mit donc en devoir d'appeler à son secours le maître des apparitions colorées. Celui qui avait vu se dresser devant lui le Christ. Parfaitement, le Christ ! Sur la muraille de papier peint de sa chambrette... Plein milieu du motif à palmiers ! Un authentique ébloui de Dieu ! Max Jacob, en personne ! Max, le converti de la Butte ! Le chrétien halluciné, le poète sybarite ! Max, dresseur d'horoscopes ! Max, menuisier, prof de piano, précepteur, clerc d'avoué ! Max, bigot de Sacré-Cœur à l'heure de la messe et orgiaque compagnon d'après vêpres ! Baptisé 1915 ! Parrainé catholique par Picasso et retiré au finish en l'antique abbaye de Saint-Benoît-sur-Loire !

C'était tel ! Korodine, qui était médium, puisait son pouvoir d'évocation dans le tréfonds de forces cabalistiques. Il écarquillait les yeux. Bras écartés du corps, il bougeait lentement sur son centre de gravité. Doué comme sa mère Ivanovna pour les fibrillations à fleur de peau, pour le pendule, pour les ondes éphémères, les transmissions de pensée à longue distance et les convocations hologrammes, il attendait d'être en état de réceptivité.

Las ! La ligne était brouillée par un bombardement.

Là-bas, à l'est. Du côté de Craonne.

*
* *

N'importe ! Korodine gardait un œil exorbité sur la campagne. Il ne la voulait pas voir. Il entrait en transe. Il se concentrait sur sa communication télépathique avec le poète. La folie des hommes justifiait assez le grand dérangement de son comportement.

Et d'un seul coup, miracle ! Cinoche ! Illuse parfaite ! Blanc d'écume ! Gerbe maousse et verticale ! Éclaboussure à cataracte ! Max Jacob venait d'apparaître sur son écran intérieur. Il lui faisait signe du fond de la cour du numéro 7 de la rue Ravignan où il avait élu ses pénates !

Dans l'incapacité momentanée de joindre la personne désirée (Fariba Faribole, absente de Paris pour cause de tournée en province), le poète, pour faire plaisir à son ami, imitait lui-même la danseuse aux pieds nus. Il était la fameuse Fariba Faribole !

Les pantalons retroussés aux genoux, il découvrait ses jambes velues. En manches de chemise, le col largement ouvert sur une poitrine matelassée de crins noirs et frisés, la tête nue, à peu près chauve, sans quitter ses binocles, il dansait. Il dansait comme au bon vieux temps du Bateau-Lavoir !

Plongeon ! Sauts carpés ! Pirouette ! Diadème et escarboucles ! Il remuait le popotin ! Il javasait ! Il ondulait ! Il marchait à la grâce, au saut carpé, à l'entrechat !

Rigoureusement conforme au modèle, il faribolait !

7.

À un jet de salive de là, le sergent Capdebosc continuait à bramer comme un âne dans son bigophone.

En contrebas, dans une friche labourée par le feu croisé des mitrailleuses, il venait de découvrir une bande de corbeaux qui piochaient de leurs becs épais le terrain engraissé par les hommes.

— Mais merde, il gueulait comme un sourd, c'est pas les colonels qui manquent ! Si vous envoyez personne pour nous relever, vous allez faire crever tout un poste ! Des p'tits gars qu' en peuvent plus, nourris au jus d'ypérite ! Moitié assassinés à l'arme blanche... se sont fait crever la gueule en miettes pour des haricots ! Bonguieu de bon sang ! il hurlait, il s'éraillait, il répétait. Qu'est-ce que vous dites ? Ah ça ! elle est bien bonne ! Elle est maousse votre décision ! Je la dégueule ! Je la fous par la fenêtre ! Je la jette aux feuillées ! Espèce de mouche d'état-major ! Planqué comme vous êtes sous les cartes ! C'est pas vous, c'est nous ici qu'on partira à dame ! Les chleuhs vont nous dégommer à la première attaque... J'ai plus de munitions... J' vous répète que j'ai plus d'munitions ! Mais nom de Guieu ! puisque je vous ai dit que j'avais plus de pitaine non plus, plus de pitaine et plus de lieute ! Et que l'aspirant a déboyauté dans la poussière ! Quoi ? l'adjudant ? Il a perdu son oreille ! Il cherche partout le bon guieu de cartilage, un drame affreux ! Qu'est-ce que vous me déblatez ? Tenir la position ? Avec quoi, s'il vous plaît ? Avec des sabres en papier ? avec des jumelles en carton ? Les mains nues, si ça s' trouve ? Le cul à l'air, pourquoi pas ?

*
* *

Il réfléchissait le boulanger de Bazoches-les-Gallerandes, un bled là-bas, entre Janville et Pithiviers, dans le couloir venteux du Loiret, il avalait sa moustache. Il marmonnait. Il déparlait pour ainsi dire. L'instant d'après, il graissait sa moustache d'un coup de langue machinal, il discutait. Marchandait tout. Même la vérité des mots.

Hi han, hi han, les vociférations de Capdebosc partaient en brioche. S'émiettaient pareilles à un cri d'âne dans l'aigre courant d'air. Il disait j' m'en fous ! J' m'en tape ! Il disait aussi, tout capitaine Dumas que vous êtes, j' m'en nettoie les neunœils, les conduits, l'entrejambe de vos consignes ! Passez-moi le colonel ou n'importe quel navdu si vous voulez, ça changera rien !

Il attendait. Il souriait.

Le colon ? Au bout du tube ? Il faisait des mimiques. Respects, mon colonel ! J' vous reçois mal ! Il disait quoi la bravoure ? Quoi les galons ? Vous voulez que j' passe adjudant-chef ?... Mais j'en veux pas, moi, d' vot' grade ! Pourquoi que ce serait moi qui prendrais la relevée en pleine poire ? J'ai même pas le certife ! Pas la moindre instruction... aptitude au commandement mon cul ! Sauf votre respect, j'en veux pas de vot' galon d'argent !... c'est pas des ficelles d'honneur que je vous demande, mon bel officier d' bureau, c'est... c'est du jus d'homme ! D' la sauce ! Et prompto, s'il vous plaît ! Un vrai assortiment de gars armés jusqu'aux dents... Des méchants avec du sang frais. Pas des cigarettes éteintes ! J' veux de l'allant de boucherie. Des bons camarades jusqu'à la mort ! Du prêt à se coltiner avec les pruscos !

Il s'arrêtait.

L'autre bout de la ligne paraissait trépider. Entrer en musique nègre. Quolibets très rythmés. Genre furibard. La plaque du téléphone de campagne s'emballait. Capdebosc en béait. C'est-y bête, sa mâchoire inférieure lui échappait. Elle s'affaissait vers le bas.

Il gueulait :

— QUOI ???!

Impossible de savoir pourquoi.

Deuxième couplet

LES SACRIFIÉS DU BOIS SAPIN

8.

Face à du jamais vu, le plus pur héros connaît des minutes de doute et de défaillance.

Le Chef de Guerre qui, maintenant, interpellait le boulanger d'une voix vibrante au téléphone s'exprimait au nom d'un idéal supérieur. On était passé dans les hautes sphères. Le tonnerre roulait dans sa voix de Grand Manitou. Il disait, je commande à des centaines d'hommes. On m'a confié leur énergie afin de l'employer au mieux des intérêts de la patrie. Vous êtes de ceux qui ont enfoncé deux compagnies boches ce matin... C'est un symbole important ! En reconnaissance de votre talent, mon rôle à cette heure est de vous ouvrir les immenses perspectives morales du sacrifice volontaire !

— Comprends pas.

— Je vous ai pourtant dit l'essentiel.

— En quelle langue ?

— En français, sergent. Vos braves devront mourir sur place plutôt que de reculer.

À ce jeu-là, la partie noble du sergent Capdebosc s'ébréchait à vue d'œil.

— Vous nous abandonnez ?!

Son désespoir était affreux. C'étaient tous ses principes fondamentaux qui prenaient une tatouille. Son altruisme, sa foncière honnêteté, sa croyance en un monde égalitaire et républicain, en un patriotisme désintéressé, en un élan de toutes les forces de la nation, de toutes les classes de la société unies pour bouter l'envahisseur hors de France, en prenaient un sacré pet. Ça s'entendait à son gros souffle. Capdebosc peinait. Il regardait son téléphone avec effroi. Il mâchonnait vite ses réponses et avait l'air d'avaler sa salive difficilement.

Il en était à se demander sérieusement si celui qui incarnait l'état-major, la volonté militaire, la discipline des Armées et qui plus est se présentait comme le porte-parole du généralissime Nivelle, n'était pas un dérangé pathologique. Un galonné déguisé en cerf. Une inqualifiable baderne élevée au jus de stick. C'est que bonguieu de bonguieu, le vilain foireux vous avait de ces phases ! Il disait que le triomphe est douloureux. Il ordonnait la souffrance, le sacrifice, comme un trappiste commande la flagellation. Il disait aussi :

— Soyez dur, sergent ! Pas d'attendrissement ! Je vous remets le commandement de ces braves ! N'oubliez pas que celui qui commande se meut dans le domaine de la brutalité. Imposez votre ascendant ! Vous êtes le chef, que diable ! Un vrai entraîneur d'hommes regarde sans faiblir couler le sang de ceux qu'il aime ! Enterrez-vous sur vos positions et attendez la relève ! Ceci vaut, pour mes ordres. Cela vaut pour l'intérêt général. Je vous rappellerai après le déjeuner !

Et le boulanger du troufignard du cul de la Beauce, en écoutant cette grande palabre excentrique du colonel Rémuzat de Vaubrémont, savait que son destin était scellé.

Il avait raccroché.

Il était abasourdi. Il restait sur son cul. Il répétait d'une voix chevrotante :

— Ça va barder, ça va barder.

Il avait fini par porter son regard égaré sur la poignée d'hommes qui l'entourait et qui buvait ses paroles.

Il ne cessait de répéter :

— Les gars, ça va barder. L'ennemi va rappliquer. Bonguieu, je vous le dis ! Ça va vraiment boumer mille cloches dans nos oreilles !

De tels accents programmaient du sérieux. D'ailleurs, histoire de montrer qu'ils ne prenaient pas les vaticinations du sergent à la légère, les chasseurs s'étaient enterrés dans les tranchées fraîchement conquises.

Illusoire protection ! Taupinière de fortune ! Autour d'eux, tout était démantibulé ! Les casemates effondrées, les gourbis dézingués. Depuis bientôt trois heures maintenant, planqués dans des trous d'eau, les jambes picotées de fourmis, les survivants du 60e attendaient que les harpes du destin leur jouent quelque chose de plus gai au téléphone. Mais pas de nouvelles de l'arrière.

Désormais, le téléphone semblait abonné à la Grande Muette. À croire que ces messieurs les officiers étaient partis pour manger longtemps.

Un silence qui pesait lourd.

9.

Perdus, pouilleux, malheureux sous le casque, les hommes de Capdebosc restaient assis sur leur litière de paille et de tourbe. Ils voisinaient avec les morts sans barguigner.

À un endroit, la caponnière d'un poste de mitrailleurs, crevée par un obus, comblait sous la sape et l'on ne voyait plus que deux jambes mortes qui dépassaient de l'éboulis. Effondré sous son cheval de frise, entortillé de crampons d'acier, le corps d'un lieutenant gisait. Plus loin, dégagé de l'éboulement, un blessé ensanglanté s'était traîné en direction de l'angle du redans où il avait rendu son âme au grand officier du ciel.

Les plus révoltés parmi les vivants s'accordaient à dire que l'offensive Nivelle qui s'annonçait si confiante tournait au travail de gugusse. Que l'expédition virait désastre. En vérité, les chasseurs ignoraient encore ce qui se passait dans les autres secteurs. Pour le moment, c'était le grand calme avant l'orage. Pas un claquement. Pas un obus. Pas un coup de feu.

Mais justement, c'était peut-être ce calme insolite qui les rendait nerveux.

— Des fois, ch' sais même plus c' qu'on branle ici ! venait de lâcher le petit Favard. Avant-hier, j'ai touché mon mandat, et j'ai même pas pu faire des folies de masseuses !

— Si « Finette » se fait buter, oubliez pas de lui faire les poches, gouaillait un type chauve, un pâlot aux yeux délavés. Marjolin, il s'appelait.

Affalé dans son coin, il gafait le petit Favard. Il mettait dans son regard la gourmandise d'un casseur pour un coffiot de la Banque de France.

Il disait :

— Ton père est notaire dans la Nièvre, tu dois être cousu de pèze !

— Attends un peu que j'en aie pris douze dans l'haricot, tête d'œuf ! ricanait Favard. Attends au moins que je sois r'froidi ! il se marrait. Mais le cœur n'était pas à la vinaigrette.

— Ça va, môme, on rigole ! J' suis pas pressé de te ramasser.

— Je me marrerai qu'en lui piquant ses sous, tu t'inscrives pour une jambe de bois ! s'énervait un vieux territorial qui venait d'entrer en lice. C'est qu'une balle perdue, ça s'est déjà vu !

Mataveau, c'était son nom. Jules son petit blase. Personne ne savait ce qu'il faisait là et *le pépère* lui-même ne se souvenait plus exactement comment il avait atterri dans cette tranchée.

Il était déchiré de la tête aux pieds. Plus de numéro au collet, juste un brassard de brancardier. Marjolin entrevoyait les yeux gris du vétéran au milieu des volutes de fumée. Il venait d'allumer une *roulée* avec son briquet bricolé dans une douille. Il se méfiait du vieux.

Les types étaient sur les nerfs. Prêts à se faire un mauvais parti.

— Va te faire laver, tête d'œuf ! recommençait le petit

Favard. J'ai pas encore décidé de plier ma chemise. D'ailleurs, tu vois – bon appétit ! j' bouffe ma saucisse !

— Ça va au poil ! Bonne ribouldingue, mon gars ! l'encourageait le vilain chauve. J' te filerai le train à tout hasard.

Il faut dire que les perspectives de la journée s'annonçaient sacrément moches. Il y avait foutrement de quoi s'énerver rien qu'à en causer.

*
* *

Korodine et Arnaud de Tincry, prisonniers de la même hantise que leurs camarades, se demandaient en outre où était passé Montech. Le « cultivateur-vigneron » du Sauternais avait disparu depuis bientôt une heure. Personne ne l'avait vu s'éloigner. Il s'était glissé hors du boyau avec l'habileté d'un loup gris.

Recroquevillés dos à dos au fond d'un boyau qui regorgeait d'un entassement d'équipements enchevêtrés, les deux amis grommelaient des phrases incomplètes, conspuaient l'état-major. En continu, avec un entêtement de bêtes fourbues, ils se montaient le bourrichon.

Las de les entendre râler dans leurs joues, Capdebosc avait fini par les envoyer en patrouille « pour voir si la situation évoluait du côté de l'Alboche ».

*
* *

Sur le point de franchir le parapet, Korodine s'était signé. Il avait débouché son flacon à essence anticadavérique, coût dix-huit francs. Il en avait versé religieusement quelques gouttes sur son mouchoir.

Fraternel, il avait ensuite proposé le flacon à Tincry.

— Tiens, tu devrais essayer.

— *Kékçé c't'horreur ?*

— Élixir extra !

— Jamais entre les repas.

— Préparation contre les miasmes délétères du champ de bataille !

— Tu peux garer ton jus de chaussette !

— Ma mère dit que ça désinfecte.

— Chimères ! La princesse aurait mieux fait de te faire penser à serrer tes lacets !

— Mes lacets tiennent.

— Avec la boue, faut faire gaffe. Qu'un godillot t'arnaque à la traîne, et tu deviens cible à mitraille.

Les godasses, c'était sa hantise à Tincry.

Sur le point de s'élancer, Korodine l'avait retenu par la manche :

— Tincry, ma tronche !... Si je suis touché, j'ai une lettre pour ma mère dans ma poche gauche.

— Non mais d'un culot ! avait répondu Arnaud. Parle pas de choses pareilles ! Tu sais bien que t'es in-mourable !

Et puis va ! À la grâce de Dieu ! Le sac au dos, les musettes au côté, le fusil sur les avant-bras, ils s'étaient arrachés, ils avaient rampé entre les barbelés.

En clapotant des coudes, ils découvraient un froid glacial. C'était dur, cette avancée rampante sur les mains.

Le terrain était criblé de trous de marmites, obstrué de débris de toutes sortes. Au bout d'un moment, ils s'étaient foutus dans l'embrouille d'un nouveau réseau de fils barbelés. Heureusement, Arnaud avait sa cisaille. Il avait pris la tête. Il se frayait un passage.

Les deux hommes collaient à la bouse. Il leur fallait se mouvoir avec lenteur. Sans faire de bruit. Sans remuer exagérément. Sinon gare au hachoir à viande ! Au tir rasant des mitrailleuses d'en face ! Six cents balles à la minute ! Portée quatre kilomètres ! Un ricanement de métal ! Une hachure courante qui découpait tout sur son passage. Un fer chaud qui faisait tourner les aiguilles du trouillomètre à une allure pas ordinaire. Une bête monstrueuse qui haletait derrière le soldat. Lui cavalait aux basques. Et si l'accalmie était là, se méfier encore davantage. À tout moment un tir de routine effectué à l'aveugle par les sentinelles ennemies pouvait débusquer les patrouilleurs couchés.

*

* *

La marche rampante continuait. Plus lente encore. C'était ardu comme effort. On traînait le poids d'un bœuf. Il faisait frisquet mais parfois on suait des rigoles ! Le pire restait à affronter. On refermait les yeux. On repartait. Les intestins, c'était crémeux à l'intérieur.

Au bout d'une demi-heure, Arnaud et Boris avaient les épaules arrachées. Pourtant, ils n'avaient pas parcouru plus de cent cinquante mètres. Ils étaient parvenus à la corne d'un petit bois, persuadés que, de cet endroit, ils pourraient étudier les signes avant-coureurs d'une attaque.

Pour une obscure raison, Korodine, qui était le premier, s'était bloqué sur ses genoux. À un mètre de lui, en dévers, il contemplait avec désespoir des barbelés auxquels étaient suspendus de vieilles boîtes de conserve. Le moindre choc était susceptible d'ébranler toute la quincaille et de soulever l'énorme dragon ! Taratata, une langue de feu, le hoquet de la mitrailleuse.

Les deux copains restaient en arrêt devant le piège. L'haleine courte. Le pif planté dans la terre.

— J'ai la viande à bout ! dit le Russe entre ses dents. Viens, on calte !

Arnaud lui fit signe de rester encore. Il observait à son tour la muraille ennemie, faite de sacs pareils aux leurs et qui se trouvait à moins de trente mètres. En avant d'elle, des débris innombrables, copeaux d'acier, tessons de bouteilles, vieux gabions, fils de fer entortillés, chevaux de frise, décourageaient toute incursion. Légèrement en arrière, à l'angle d'une ligne de tranchées, un ouvrage dissimulé sous des branchages, des madriers unis à des fils de fer, parvenait à dérober complètement deux pièces d'artillerie à la vue des observateurs.

Soudain, un buste d'homme venait de remuer dans l'ombre. Au-dessus du réseau, les Français apercevaient nettement la sentinelle allemande. Vaguement inquiète, elle regardait.

À quoi ça tient ! La vie, la mort ! « Fritz » était conscient de la présence d'un danger. Ses yeux clignotaient en vain. Son odorat pourtant le guidait infailliblement du côté du bouquet d'arbres. Ses lèvres étaient fines comme un trait. Le bref éclat bleu de son regard cherchait à percer l'imbroglio de la nature.

Côté français, calme plat, *natürlich.*

Les deux patrouilleurs appuyaient leurs corps allongés sur le sol. Les cœurs battaient. Plus personne ne voulait mourir.

Le boche reluquait les barbelés. Il interrogeait la ferraille. Explorait la lisière du bois.

Les deux chasseurs restaient collés sur place. Doigts crispés. Fronts brûlants. Le nez dans le sol. Parfaitement immobiles à cette minute précise et miraculeuse. Sort suspendu. Entre la vie et la mort pour ainsi dire.

Des arbres les cachaient. Curieux arbres ! Un bouquet ! Une poignée, un rideau de maigres sapins miraculeusement épargnés par les déchaînements des deux artilleries. Des rescapés. Des anormaux au beau milieu d'un pays ras.

Et ainsi en était-il des hommes qui avaient trouvé refuge derrière leurs fûts. Visages grillagés d'incertitude. Fragiles à ne pas croire ! À la merci d'un éternuement ! D'une puce qui gratte trop fort.

L'ombre de la sentinelle avait disparu.

10.

On dit que le temps est un accomplissement. Que le présent se dévide. Que le futur n'est presque rien. Figés dans la réalité du moment, les deux patrouilleurs n'osaient pas bouger.

Ils appuyaient sur le sol leur corps allongé. Ils auraient voulu entrer dans le calcaire. Korodine gardait la face tournée vers la caillasse. Il fermait les yeux. Tincry les gardait ouverts. Sa vision se limitait à une racine torsadée et à un émiettement de craie. À quoi pensait-il tandis qu'un pâle sourire s'ébauchait sur ses lèvres ? À une phrase de Clemenceau, tout simplement. Une phrase qui disait : *Quand on se demande ce que c'est que l'action, c'est qu'on n'est pas un homme d'action. L'action est un déséquilibre. Pour agir, il faut être fou.*

Arnaud s'était tourné vers son compagnon d'armes. Instantanément, le Russe avait rouvert les paupières.

Un signe. Une réponse muette. Les deux hommes se laissaient couler vers l'arrière. Sans un mot, ils s'étaient compris.

Crapahutage, aplatissements, cavales, instantanément, accomplissant leur sordide besogne, les mitrailleuses allemandes s'étaient mises à leurs trousses. Comme des chiennes aveugles, elles fouillaient le sol de leur truffe traçante. Les balles jappaient, elles passaient en nappes au-dessous de leurs pieds. Crochets, plaquages, roulades, Tincry et Korodine, vissés frangins, sensibles des jambes, le feu au derge, filaient, cherchaient à s'extirper de la gangue, des vrais sauvages ces boches, les petits soldats faisaient tout pour rentrer intacts dans le domaine des vivants. Parfois la voix musicale des balles les accompagnait jusqu'au fond d'un trou où ils allaient nicher en catastrophe.

Ils attendaient le moment favorable pour bondir hors de leur cache.

Ils se rehissaient. Montraient le bout du casque. Pop ! Sortaient du décor comme des lapins sauteurs. Jaillissaient de traviole. Rampaient. Troulalaire, tu nous reverras pas ! Le mitrailleur s'énervait. Tacatac catac ! Retournez dans votre trou ! Le jeu était stupide. Casse-pipe dans une baignoire. Les soldats replongeaient plus loin. Ils atterrissaient en roulant sur eux-mêmes. Ils fumaient des narines. Barbouillés avec le plouf de la vase. La gueule fripée comme celle des grands noyés. Nuque soudée. Ils fermaient les yeux pour mieux entendre. Le premier hors d'affaire attendait son pote. Priait pour qu'il n'ait pas été touché.

Une accalmie ? L'autre rappliquait. Posait la fesse au toboggan. Se laissait glisser à son tour dans la boue. La mitraille battait le bord de l'abri. Cherchait la vie à l'aveuglette. Une grêle abominable.

Les deux copains s'entre-regardaient. Entrognés dans leur malheur ou à demi dressés sur un genou, ils haletaient un moment. Reprenaient leur souffle. Une lueur sauvage s'allumait au fond de leurs yeux. On va pas rester pourrir dans la flotte !

C'était l'envol ! Sous leurs pieds, sous leurs mains, les éboulis de cailloux cédaient, il fallait parfois recommencer l'escalade plusieurs fois, ça faisait du bruit, on s'éjectait quand même, on se remettait en trot de caracole. Du côté des vilains fâchés, les coups de fusil partaient. On avançait ! On avançait !

De fondrières en bas-fonds où l'herbe pourrissait, d'anciens trous d'obus emplis d'eau en vasières où la terre semblait si lourde qu'on y pensait rester, Korodine et Tincry atteignaient cahin-caha leurs lignes.

Le parapet.

Se faire reconnaître.

— Mille dieux ! Qui va là ?

— Saint-Pétersbourg et Cadet-Rousselle !

La sentinelle armait sa culasse, entonnait entre ses dents quelques sourds jurons à destination des petits fortiches qui faisaient du ragoût en se présentant à lui sans chanter l' mot de passe. Non mais qu'est-ce que c'est que ces rouchis-là ? Bougez pas ou j' vous aligne ! L'homme de garde s'abandonnait au blasphème en reconnaissant Korodine. Tincry s'encadrait derrière lui. Enfarinés de mes deux ! il leur disait, le chef de poste. Une supposition que ç'aurait pas été c't' endormi de Chauvaux qu'était au créneau, vous étiez bons comme la romaine ! Un caporal au physique jovial surgissait du gourbi et jambonnait deux trois pas dans la bouillasse en remontant son fendard. Parole d'homme, les nénesses ! Vous rev'nez de loin ! il s'écriait à son tour, j'aurais pas été occupé à faire une partie de débauche avec Finette, j'aurais sûrement eu le réflexe de vous tirer dessus ! Vous l'auriez eu dans l'oigne, la prune à Lebel !

Au lieu de ça, il tendait les bras pour réceptionner les deux lascars. Y avait plus qu'à sauter dans la gadoue du boyau. Merci, bonjour les fralins !

— Alors ? s'enquérait la sentinelle. Les frisés ? Y z'en ont flac ? Y posent les armes ?

— Que dalle ! Ils vont nous gratter jusqu'à l'os avec leurs bistouris !

Le souffle précipité, les deux messagers du malheur fonçaient comme des sangliers dans le passage.

Pour le présent, un seul objectif, une seule perspective : rejoindre la bonne embusque où se terraient les amis de l'escouade. Retrouver Capdebosc, la toile de tente, le paquetage, les quarante-huit biscuits alloués généreusement par l'intendance. Ronfler un quart d'heure.

Pas d'autre ambition. *No more* comme diraient Shakespeare et les copains britanniques.

11.

Retour de culbute, les deux patrouilleurs relevaient la tête. Hébétés, ils regardaient leurs mains terreuses et engourdies par le froid.

Une mouillure infecte dégoulinait en un noir chagrin de boue sur la face de Korodine.

À son côté, étalé sur un caillebotis, Arnaud de Tincry avait la peau si mouillée qu'elle fumait.

— Est-ce qu'au moins Montech est rentré ? grommela-t-il avant de manifester la moindre joie d'avoir sauvé sa peau.

— Si tu veux savoir, demande à mes puces, lui répondit une voix qui provenait de dessous une couverture. L'étoffe s'agita. Un visage apparut. Montech claquait des dents. Ses yeux luisaient sauvages derrière la croûte de son déguisement de terre séchée.

Korodine le jaugea avec une expression singulière. Il inclina la tête pour se mieux forger un avis. Il sentait passer dans le regard du Girondin un intraduisible désarroi.

— Je jure que j'ai fait tout ce que j'ai pu... bredouilla ce dernier.

Ses yeux hallucinés lui mangeaient le visage.

— C'est donc ça ? devina Arnaud de Tincry. T'étais allé chercher Ramier dans la merde ?

Raoul Montech émit un signe affirmatif. Il semblait soudé à la terre.

— Plus fort que moi, hoqueta-t-il d'une voix sourde et énervée, il a fallu que je me rende dans le secteur où je l'ai vu rendre son fusil ! J'arrivais pas à me faire à l'idée qu'il pouvait être mort.

— Et alors ?

— Tringle !! Je ne l'ai pas trouvé.

Cédant au découragement, le vigneron s'était retourné sur le dos. Sa capote alourdie par l'eau croupie chargeait ses épaules d'un poids de plomb. Il avait plongé sa main dans sa poche. Et exhibant sous le blair de Korodine, qui était son plus proche voisin, une poignée de plaques d'identité :

— C'est le nom, tu comprends, c'est le nom qu'il faut sortir de la bouse ! À cause de l'oubli ! À cause du trou noir ! C'est qu'il y en a du monde qu'on r'connaît pas ! Si tu voyais le carnage ! Tous ces braves avec leurs boyaux autour de la taille ! Dressés, vidés, hachés. Pâles, le ventre ouvert, recouverts par des grappes humaines. Une couche de tourbe, une couche de recroquevillés. Partout, j'ai retourné la terre ! Au couteau, à la griffe, j'ai fouillé l'écume du champ de bataille ! Pas trace de l'Auxerrois ! Il n'est nulle part ! Ni étendu, ni rapiécé ! Pendant l'assaut, je l'ai vu monter en chandelle derrière moi ! Il a roulé dans les nuages ! Lancé en l'air par une force incroyable ! La boue fusait tout autour de lui ! Elle imitait la pluie en grands rubans noirs ! Les corps cascadaient sous l'effet des marmites ! Soulevé dans la gerbe, le petit griveton ! Rayé du nombre des hommes ! Escamoté ! Un vivant comme lui... j'arrive pas à y croire !

Montech était submergé par un sanglot qui le renversait en travers du trou noir. Il se tenait ramassé, les bras serrés autour du corps, et donnait l'impression de mener contre lui-même une lutte harassante. Comme s'il était entré par mégarde dans un rêve, il avait levé son regard embué de larmes sur un rat, un rongeur maousse, de la taille d'un chat. L'animal semblait l'observer de ses petits yeux rouges. Il ne manifestait aucune crainte de l'homme et campait ferme sur son territoire. Debout sur ses pattes arrière, il faisait le ménage de son ventre rebondi.

C'était fort à admettre, mais garce folle, la bestiole paraissait prête à entamer une conversation. De son côté, Montech, infiniment aimable en apparence, semblait avoir mis un terme à son chagrin. Il avait commencé à tailler une bavette avec la bestiole :

— T'es là, Gaspard ? *Sprechen sie deutsch ?*

Dans un froissement de capote mouillée, dans une odeur de moisi, d'éther et de marécage, le poilu bougeait insensiblement, tendait la main derrière lui pour attraper un manche de pioche, brusquement abattait la matraque improvisée sur la tronche du rongeur qui trottait hors d'atteinte, toujours le troufion apostrophait le muridé comme une personne, lui faisait un patatrot pour qu'il aille plus loin, faut pas te gêner salopard, des rondelles comme toi, n'en faut pas ici, il se tournait vers ses copains qui fermaient les yeux, qui essayaient de se réchauffer, lui, le visage enflambé de colère bleue donnait libre cours à sa violence. *Fihl de pute !* il gueulait, ah, Arnaud ! Malno ! Mes amis ! j'en perds la boule ! Cette putain de guerre ne s'apprivoisera donc jamais ! Pétard de Dieu ! vous vous rendez compte ? J'en reste flan ! Dodo, Ramier, notre petit frère ! Enterré dans le verdâtre ! Pioché par les corbacs. Bouffé aux asticots, à la bloche, à la vermine ! On n'est donc rien ? Rien !

Sans idée, ni projet, ni désir, le corps lourd, il avait pivoté sa face exigeante vers Tincry et Korodine. Il s'était dressé sur les genoux. Il avait levé un doigt. Il avait arrêté le temps. Il avait bloqué le mystère des choses compliquées. Ses yeux rougis s'attardaient sur les copains. Il leur faisait signe de le rejoindre. Il cherchait par n'importe quel moyen à les empoigner.

Les trois amis se palpaient mutuellement les mains. Tâtaient la vie de l'autre qui battait au poignet. Ils ressentaient le besoin de toucher du qui bougeait. Du qui fermentait. Montech ne parlait plus que par bribes. *Diou biban !* Il avait laissé monter en lui un grand vent qui venait du fond de son intestin. Pffesss ! il venait de péter à déchirer son froc. Malno l'avait approuvé d'un hochement de tête muet.

C'était des temps durs, mais les trois hommes se sentaient comme une seule petite âme qui paye son compte au Seigneur. Même avec des fayots.

12.

On se croyait oubliés, victimes d'une poisse à tout désoler, seuls de notre espèce. Fer de lance de l'offensive Nivelle. Quelques centaines de gars en mauvais état disséminés en haut d'une crête, quand, sur le croupion de midi et demi, on nous a fait signe.

Pâle et muet, le menton seul agité d'un léger tic, Capdebosc a appris par un coup de fil enroué, une voix d'outre-casemate, encore une voix de planqué, qu'en réplique à notre avancée de quelque trois cents mètres, trois divisions de *stosstruppen* se tenaient prêtes à attaquer « ***la seule division française qui avait emporté des positions*** ».

Le sergent écoutait.

Les ordres tombaient d'en haut. Ça avait l'air faramineux.

Les joues creusées, il était devenu blanc. Il s'était mis à crier à pleine tête qu'il n'était pas du genre à se peigner les moustaches dans les reflets de ses bottes.

J' vous parle d'une mort bien douce et bien atroce, mon colonel ! il persiflait dans l'appareil. Il hochait la tête. Il haussait les épaules. Il disait, vous savez, j' m'en tape de prendre une permission ! Ma femme s'est tirée avec le commis ! Depuis que j' vis comme ça dans les tranchées, la guerre est devenue ma seule maison. Il prenait ses hommes à témoin. Il disait, vous savez, j'ai mes soldats autour de mes miches, des types qui ont avancé avec moi jusqu'ici, des gars qui savent qu'une baïonnette ça s'enfonce dans un bonhomme comme dans du beurre mais que quand il faut la retirer, alors là, c'est une autre paire de manches... Tout c' que j' vous demande c'est de faire courir un ordre le long des fils du téléphone... jusqu'aux chefs de bataillon si vous voulez, jusqu'au chef de corps si ça vous chante, parce que ici, nous, on n'a plus rien à vous donner !... On est vidés ! Sucés ! Quenouilles ! Quand je regarde l'environnement des crêtes, j'entends venir la faim, la soif, le froid nocturne, je ne sais pas si vous vous représentez le tableau ! Le désordre énorme qu'il y a dans la parpagne ! Effet bœuf ! Vous verriez ! Ici, tout est pilé ! Écrasé comme une punaise ! Sans compter tous les raplatis, les dégommés, les brûlés, les découpés, ça fait du monde, vache de mortadelle, croyez-moi, on s'habitue jamais ! La montagne est jonchée de petits désossés, les pioupious vivants ont perdu la ciboule, partout les corbeaux se calent les joues avec de la boyasse humaine, ça mérite des renforts, vous croyez pas ?

Mince d'exorde, Capdebosc ! Il tenait bon. Il lâchait rien. Il continuait à ébouriffer le colonel Rémuzat de Vaubrémont. Il lui passait la main dans les cheveux, pour ainsi dire. Mais tout de même, insensiblement, il subissait un Waterloo mental. Il avait de la farine sur la gueule, il avait du blanc tamisé dans la voix. Il s'étouffait, il s'émoussait, le mitron. Il écoutait les reparties du stratège de salon.

— Des soldats comme vous qui voudraient foutre le camp comme des lapins, il faudrait les passer au falot ! Si c'est pas malheureux, Capdebosc ! Regardez vos camarades qui se moquent de vous !

Maxime Rémuzat de Vaubrémont, ex-député de Seine-et-Oise, frère d'Eugène Rémuzat, affecté spécial, fabricant de crosses de fusils et de toutes sortes de matériels de guerre à Châteauroux, était vraiment expert pour trouver les mots qui vous remuent le sang d'un homme.

Il s'en prenait au sergent :

— Comment pouvez-vous dire cela ?... regardez plutôt autour de vous et vous verrez si vous êtes les mal-aimés ! Comme je le dis toujours : nos dieux sont nos morts ! Les poilus sont nos dieux ! Tombés pour la patrie, vous et vos loustics ferez à jamais partie de la longue ligne de gloire qui illumine la France !

Capdebosc branlait la tête, comme ça. Ses cheveux hérissés, le cercle rouge dessiné par le casque sur son front, lui donnaient un air de folie. Il écoutait toujours. Il se taisait.

C'était un lent. Un progressif.

*
* *

Mais quand l'air est rentré dans sa bouche tordue par la colère, c'est là que ça a fait gros dans la campagne. Capdebosc a enflé son cou de taureau. Il s'est souvenu qu'avant de devenir beauceron et taiseux par mariage, il avait été gascon par son grand-père. Il a commencé à aboyer toutes ses fureurs avec une frénésie réactivée. Rien, personne, n'aurait pu l'arrêter.

— Vous êtes une merdure, mon officier ! Un étron insupportable ! il gueulait. Un gros pus qui sent pas bon ! Quoi vous me fusillez ? il bouillait de rage. Il s'était levé. Il gesticulait. Il dansait en rond. Une espèce de danse du tirailleur. Il creusait la terre sous ses grolles. Un truc vraiment sauvage. Il se faisait agonir à l'autre bout de la ligne. Le colon gueulait. Je vais vous brûler la gueule, Capdebosc ! Renversait pas la vapeur pour autant, le boulanger. Égal furieux. Métronomique, il tournait en rond. Montait en chandelle sur un pied. Il avait la cervelle démontée et tout qui s'ensuivait. Il décravatait ses propos, il envoyait paître l'autorité. Il traînait son interlocuteur à cinq galons sur le grand autel des accusations. Lui faisait la messe en argot de tranchée. L'exposait au jugement des simples poilus. Lui foutait l'index dans l'œil.

— J' vous l' fais pas dire ! il gueulait. La voilà, la tristesse des choses ! Y a ceux qui déjeunent et y a ceux qui trinquent ! Envoyez-nous des renforts et des munitions, sinon on se débine ! Quoi des lâches ? J' vais quand même pas enterrer mes garçons ! Sacrifier mes derniers petits gars pour que vous mangiez chaud ! Si vous avez le culot de dire ça, c'est le pompon ! Vous z'êtes qu'un pauv' lézard, mon colonel ! il recommençait, perclus de fatigue. Vous z'êtes qu'un crottin de politicard ! il redoublait. Une âme noire et méchante ! Un zéro en chiffre et vous faites banqueroute à l'honneur !... Et puis parlez-moi autrement si vous êtes si distingué ! J' suis p't' être qu'un pion dans vot' jeu ! il criait en tordant le nez, un sans-grade ! il bramait dans le cornet, mais j' connais assez le refrain de l'appel au peuple !... Le peuple, y vous dit merde ! J'ai du sérieux plein les mains ! Des responsabilités ! Des p'tits soldats à cinq litres de sang chacun ! Des types excellents mais vite renversés ! Et j'ai honte pour vous, un officier de petite étoffe !... Un galonné qu'est pas de la crème ! Il débloquait à force. Il enfournait un nouveau discours. Il était emporté par le torrent des mots. Quoi le peloton ? J' m'en mousse ! Si vous voulez m' rattraper, faudra courir jusqu'ici ! Subito ! Vous mettre en route sans bouffer ! C'est ici que ça va se régler ! V'nez sur place ! Rendez-vous autour du poteau de supplice !.. C'est ça ! Vous me dresserez au milieu des shrapnells, vous me tannerez le cuir au milieu des lumières, vous me chanterez le *Te Deum* de la

Cour Martiale entre les marmites et les gaz ! V'nez vite, mon colon ! Et tardez pas trop à radiner des leggins sur vot' cheval à bascule, passe que ça va être un bacchanal affreux ! Affreux ! Une grande éclaboussure de sang et de merde, j'aimerais pas que vous ratiez l'ouverture ! Vu qu'avec les frisés, cette fois, on va s' foutre une pâtée atroce ! Un vrai embrochage de livre d'histoire. Du Roncevaux sans les cors ! Pour ainsi dire du légendaire universel !

Il dansait, il giguait, il clopinait sur place, Capdebosc. À tourne-godillots, il creusait la bouillasse sous sa colère. À la mesure de sa rage, il dansait la bamboula du désespoir.

Il a fini par envoyer un grand coup de pied dans son casque. Et après, tout y est passé. Son bidon. Sa cartouchière. Même sa musette à grenades.

Ça valsait, ça valsait.

Il était fou extraordinaire.

13.

Montech, avec la finesse qui le caractérisait, avait jaugé le moral de ses compagnons. Il savait que leurs pensées se perdaient dans une aigre désolation.

Il avait fini par dire, je vais entamer le trésor, c'est mes dernières bouteilles, je reviens tout de suite. Il était revenu du fond du gourbi comme on remonte du cellier. Il tenait deux flacons ambrés qu'il présentait à ses copains avec le respect dû à des personnes.

— Bas armagnac de Saint-Aubin, il avait prévenu avec des airs gourmands. District de Nogaro. Du « 93 ». Année historique. Avec ça, vous n'aurez pas froid cet hiver !

— S'agit bien de cet hiver ! avait lâché de Tincry, en refusant la première bouteille dans un mouvement d'humeur. S'agit plutôt de pas crever raplati par les obus de ce foutu mois d'avril !

— Le plus dur ce sera d'être du prochain tourbillon, avait marmonné Korodine en tendant la main vers l'alcool.

Il en avait bu un grand peu.

— Mince d'arquebuse ! avait-il apprécié en faisant claquer sa langue et histoire de rassurer le regard interrogatif de Montech : ton armagnac a des finesses de quatuor à cordes ! En même temps, il sonnerait la trompette à un trépané !

Il avait voulu faire passer le flacon ambré à Arnaud de Tincry mais ce dernier campait toujours sur sa mauvaise humeur. Le peintre avait essuyé un nouveau refus.

— Gardez votre cordial.

Pour lors, c'est Montech qui l'avait mal pris. Un produit qui venait de ses métairies du Houga dans le Gers ! Il était monté sur ses grands chevaux, le distillateur :

— *Millo Diou !* Lampe-moi ça en vitesse, vicomte de mes deux ! C'est du brosse-cafard ! Tu vas te redorer la baguette !

— Hésite pas, Tincry ! s'en mêlait Capdebosc. Le « 93 », pour mon grand-père, c'était mieux qu'une farine du premier âge !

Et Korodine lui collant la boutanche entre les mains :

— Vas-y, Tincry ! C'est du pique-fesses !

Avec un pâle sourire, Arnaud avait fini par abdiquer. Il avait empli son quart :

— Je ne suis pas buveur, mais après tout ces subterfuges sont peut-être utiles à certains moments.

Il avait avalé la repasse de picpoul à longs traits et retenant son souffle, les naseaux retournés par le nectar d'alambic, s'était brûlé la casserole et les cuivres :

— Mazette ! Il a de la poigne !

— Il est rural, reconnut Montech. Mais si tu regardes bien, il a aussi du col ! De l'élégance !

— Bonguieu ! s'écria à son tour Capdebosc, faites voir un peu de quoi y retourne, les petits gars... que je dise deux mots au riquiqui !

Sans fioritures, le sergent s'était mis à tutoyer la Phosphatine Fallières de son grand-père. La tête emportée vers l'arrière, il avalait la goutte à gros rangs, prenait son plaisir dans ce monde renversé, il s'en mettait plein le porte-pipe. Pour un peu, il se serait noyé dedans.

— Par Jupiter ronflant ! s'ébroua-t-il hors de souffle, j'avais besoin de me reconstruire une volonté !

Ayant ainsi pitanché, paupières closes, il recommença à sourire vers le meilleur de la vie.

— Ça m'a redonné de l'encolure ! constata le boulanger. Maintenant, j'attends le coup de fil du colon avec une grande sérénité.

— Tout de même, sergent, c'est louche que rien n'arrive ! augura Montech en s'emparant du flacon à son tour.

Dans la perspective d'une succulente dégustation, le caporal-distillateur essuya le goulot d'un revers de sa manche. Il flaira le liquide, s'assura qu'il l'avait bien en nez et ajouta :

— Pourquoi ne nous envoie-t-on pas la relève ?

— Parce que le drapeau saigne, prononça Korodine avec la gravité des ivrognes.

— Parce que l'offensive Nivelle est une boucherie, approuva de Tincry.

— Paraît que les pertes sont énormes, renseigna Charpaillez qui passait par là. Cinq mille morts, chez les Sénégalais.

Et prenant par comparaison la mesure dérisoire de la sape bourbeuse dans laquelle lui et ses compagnons avaient trouvé refuge :

— Paraît que chez nous, un homme sur huit sera tué.

— Si j'étais dans les bottes des chleuhs j'attaquerais tout de suite ! s'écria le petit Favard. J'en ai marre de cette guerre ! Sergent, quand est-ce qu'elle va finir, cette guerre ?

— T'inquiète pas, petit ! Je sens qu'ils vont nous sonner bientôt.

Les poilus de l'armée Mazel se taisaient. Ils ruminaient que pour la quatrième année consécutive, abandonnés des hommes de l'arrière, ils croupissaient, vivants confondus avec les morts, pourrissant les uns dans les autres, titubant, ivres, naufragés dans le gisement épars des cadavres sans sépultures, dans le grouillement des vers et sous les rafales vociférantes des lance-torpilles.

— Vous allez voir le marmitage qu'on va encore se ramasser sur la gueule ! épilogua Montech en poussant la bouteille entre les mains de Korodine pour qu'il la finisse.

Ils buvaient au goulot. Merde à la crevarde ! Ils s'ivrognaient. Ils se hélaient à mi-voix. Ils commençaient à être dans les vapes.

Ils pleuraient la disparition de Guy Maupetit. Pour se remettre, ils avaient ouvert la seconde bouteille. Ils faisaient circuler l'armagnac. Buvaient à la santé de ce drôle de pistolet envolé dans les airs. Capdebosc, Charpaillez, Favard, les trois autres. À tour de rôle, à petites lampées, ils se mouillaient les lèvres et se décapaient le palais.

— Le silence téléphonique, c'est la manière des chefs de nous dire qu'on va tous claquer ! venait de lâcher Montech.

— J' peux pas vous laisser dire ça, caporal, disait Capdebosc.

On sentait qu'il faisait un effort surhumain pour ne pas mener ses hommes du côté de la sédition.

— Alors expliquez-moi pourquoi on nous laisse en rade, sergent ? redemandait Favard.

— Parce que ces salauds de l'autorité s'engraissent de nos malheurs, répondait Montech.

— J'peux pas vous laisser dire ça ! répétait Capdebosc.

Il se tapait sur la cuisse.

Mais le cœur n'y était plus.

— Faisons le sacrifice des haines ! proposa soudain Chevillard qui venait d'entrer dans le cercle.

Sans armes, tête nue, Chevillard était un drôle de type avec des yeux d'illuminé. Il s'était dressé sur sa litière de fortune. Ses lunettes étaient de travers sur son pentu tarin.

— Allons trouver les chleuhs d'en face avec un drapeau blanc ! proposa-t-il. Fraternisons ! Nions la guerre ! Embrassons-les !

Tincry sourit avec tristesse. Il s'était enfermé dans sa tour d'ivoire. Le cerveau engourdi par l'alcool, il pensait que la pauvreté de la vie du corps entraîne celle de l'esprit et que la dévastation qui vous entoure porte naturellement aux pensées les plus folles.

Quelques rasades plus loin, la langue un peu raide, les babines endolories, les moustaches rincées, les copains commencèrent à se mettre en rogne d'avoir perdu une patte de « leurs quatre pattes d'amitié ». Plus ils buvaient, plus ils voulaient croire que Ramier respirait encore.

— Fût-ce au fond d'un trou d'eau, je suis sûr qu'il barbote ! Genre gavé de boue mais qui surnage ! s'écriait Korodine.

— Quand je pense, radotait Montech, que ce matin encore « l'ouvrier » s'est tapé sa tartine au saindoux, son petit coup d'irancy par-dessus, avant d'aller se faire déquiller !

Il prenait ses potes à témoin, il reniflait autour de lui, il s'adressait à Korodine en lui soufflant dans la figure, il insistait, en le tiraillant par la manche :

— Il m'a même fait chier avec son syndicat ! Toujours, tu sais bien, il rembine avec la sociale ! La lutte des classes, ça le tient ferme ! Paternaliste, il me trouvait le petit râleux ! Conservateur ! Il fallait voir ! Il battait l'estrade ! Il m'aurait arraché les boutons avec ses convictions ! Il m'a pris à partie ! Il m'a dit que j'exploitais mes vendangeurs, petit con ! Comme si des gens d'usine savaient ce que c'est que de récolter un vin sorti grain à grain de la pourriture noble ! Je lui ai récité c' que je pense ! J' te jure que je lui ai dit de tout ! Mal lavé, communard, social-bolchevik ! Il a eu ses cinq minutes !

— Vous vous êtes engueulés ?

— À preuve !

— Où ça ?

— Au pied de l'échelle.

— Avant l'attaque ?

— Juste. Et c'est là que le bât blesse, Malno ! C'est là que le piège à tiroirs se referme ! Que ça me gratte et que ça me taraude ! Pile avant de partir pour la grande trajectoire, ce salaud de Ramier m'a quitté injurieux et furieux... il m'a lancé plein de mots à la graisse d'hérisson !... une bien chiante insulte ensuite...

— Qu'est-ce qu'il t'a dit ?

— Parvenu ! Il m'a traité de *parvenu* ! Et zon, et zon ! ça m'a pris, j' lui ai jeté mon poing dans la gueule ! Un vrai coup de tampon ! Imagine comme je te vois, c't' andouille saignait du nez, il avait l'air louf avec son flingot, sa baïonnette, on allait partir se battre, le sergent avait le bras levé, surveillait sa dégoulinante, à l'heure dite, il a sifflé, Ramier premier giclé ! L'enfoiré a sauté dehors de la tranchequaille, en avance sur toute la section, il a couru comme un dératé au milieu des balles de mitrailleuses, il est allé se faire tuer dans un grand trou en criant des saloperies sur mon compte !

— *Parvenu* ? son dernier mot ? ricana Korodine. Il se sera gouré sur ton train de vie !

De régalades en régalades, emboissonnés jusqu'aux ouïes, ils restaient engourdis. Engourdis et hilares. Ils produisaient des grognements de fond de gorge. Ou alors, la prunelle sombre, ils rêvaient une dernière fois à l'harmonie parfaite de la vie.

— Tout de même, il savait faire chier l'homme, Ramier ! dit Montech avec admiration.

— Un râleur comme lui, ça s'épuise jamais, épilogua Boris. À mon avis, à l'heure qu'il est, il doit faire chier quelqu'un qu'a pas forcément envie de l'entendre !

14.

Le temps avait passé.

Le temps était retourné à cette terre d'où il était tiré. Il avait fabriqué de la pluie. Des ondées. Des couvées de brume. Un timide revenez-y de soleil sous la nue. Puis de nouveau la pluie. Le temps aussi avait fabriqué des hommes saouls.

Tincry venait de faire une embardée. Le pas mal assuré, il fixait intensément Montech qui lui faisait face. Il était fardé. À l'improviste, il avança sa paume ouverte en direction du viticulteur.

— Ta gniole aurait presque pu lutter avec certaines mirabelles de la Meuse profonde, ânnona-t-il. Le genre de tue-germes qui épanouit le cœur mais qui tombe sur les genoux !

— Les terroirs, je ne discute pas, s'inclina Montech en serrant avec solennité la main de son jeune camarade.

Au fond du boyau, le ton avait monté. Au son de leurs propres voix, les chasseurs s'excitaient.

— Avec les politiques, tout est boutiqué d'avance ! venait de gueuler Chevillard.

Korodine était le plus atteint.

— Je pétarade ! il disait.

Il se tâtait un peu. Le torse, les muscles.

Le souffle précipité, il était insensible à la trempure de l'averse qui venait de reprendre.

— Le diable emporte les boches ! Ramier est vivant, s'écria soudain le ruskoff. Ma bête le sent !

Il avait trouvé un reste de monte-en-ligne au fond d'une gourde. *L'eau d'affe* lui donnait un coup de pouce supplémentaire et lui mordait la nuque jusqu'à l'épaule.

— Putain de gratte-cul ! s'ébrouait-il en frissonnant. Ce jus-là me ratisse ! Il me brûle au poivre, il me gratte au hérisson !

Il buvait n'empêche une gorgée supplémentaire.

— Le four chauffe, il disait. J' suis quelqu'un d'autre !

Après un nouveau coup de filtre à entrailles, il brailla qu'il était volontaire pour repartir fouiller tous les cratères qu'ils avaient laissé derrière eux en grimpant la côte.

— J' suis sûr que l'ouvrier est pas mortibus ! il gueulait. Qu'il grogne dans un coin ! Même s'il peut plus bouger, j' suis sûr qu'il cligne de l'œil pour nous faire comprendre ses volontés. Peut-être, il a soif !

Capdebosc essayait de caser son petit mot d'autorité.

— Boris, tu vas pas repartir dans le merdier !

— Tirez vos guêtres, sergent ! J' vais faire c' que j' vais vouloir ! Redégringoler la pente ! Inspecter tous les trous remplis de cervelles et d'intestins, humer la merde, soulever les éparpillés, les cadavres, les enterrés, tripoter les écourtés, les manchots, tourner tout ça qui pue, qui coule et qui repousse !

— Sois raisonnable, putain de Russe !

Mais c'était bernique. L'infect entêté voulait repartir visiter la saumure, sauver son pote du saladier à merde.

— Ôte-toi, sergent, il éructait, ou j' te passe sur la guenille !

— T' es pas raisonnable, lui répétait Capdebosc, on est à la veille d'une grosse attaque.

— M'en fous !

Korodine était sourd comme une bûche, fermé comme un âne, insensible aux injonctions de ses camarades.

— Poussez-vous tous ou je vous saque !

Il venait de prendre les deux dernières rasades coup sur coup. Il ne reconnaissait plus personne. Une fureur surnaturelle le maintenait en transe. À mi-voix, il bourdonnait, il donnait l'impression d'écouter sa cacophonie intérieure. Des émotions, des idées, des visions saugrenues et fugitives se levaient du fond de son inconscient. Il avait attrapé une pelle et se frayait un passage. Pas une minute de gaspillage ! hurlait-il en cherchant son fusil, sa musette de grenades.

— J'y vais tant que je reluis !

Il avait bouffé du lion, il grognait. Il voulait boire encore plus de décapant avant de partir mais il n'y en avait plus, mille dieux, arrête, lui intimait Montech, il essayait de lui confisquer la gourde vide, lâche-moi les basques l'agriculteur-récoltant ou je te cogne ! Le rapin russe, le condisciple de Gontcharova et de Larionov, reconnaissait plus ses amis, ses frangins, le forcené lampait la dernière goutte imaginaire, il gueulait : – J' vais aux antres du monde ! Y faut réchauffer le jus si je veux courir dans la mélasse !

*
* *

Sans prévenir davantage, jaillissant sur ses crampes, le ruskoff était monté à l'échelle, la terre, le rebord consolidé s'écroulait derrière lui, il courait déjà dans l'infecte gadoue, grande ombre bleue, il retraversait toute l'embouse retournée par les marmites, disparaissait dans le terrain gras, remontait, rebondissait plus loin, démontait les chicanes, s'ouvrait un passage à coups de pelle, compère des macchabées, troubadour des gueules cassées, avec l'ambition folle de trouver un petit être vivant lové dans le purin, la caillasse, les grenailles.

Il se démanchait.

*

* *

En même temps que l'hurluberlu pouloppait, mangé par le relief vorace, suivi par quelques coups de flingot, voilà que le téléphone s'était mis à ricaner.

Les yeux caverneux, Capdebosc avait décroché. Il s'était mis à l'écoute d'une vibration lointaine et détimbrée.

— C'est pas difficile, j'entends rien... il bafouillait en tendant l'oreille, en prenant les copains à témoin de son désarroi.

La minute d'après, le temps était devenu coupant comme un couteau porte-malheur.

Tu parles ! D'un coup l'émission était devenue nette. Pour lors, à l'autre bout du fil, ça reniflait, ça râlait, ça poumonait ! Ça croassait itou. Un officemare en branle-bas de combat hurlait ses consignes. Ça venait de la division. Non, ça venait du bataillon. Barca ! Ça venait d'un artilleur. Preuve que ce coup-ci, c'était du sérieux.

Pour les remercier de leurs exploits, les petits chasseurs du mont Sapin, (c'était nous, c'était bien nous), aussi le restant des effectifs en fantassins du général Pellé, allaient recevoir le fer et le feu de trois cent quatre-vingt-douze batteries d'artillerie chleuh sur la gueule !

Ouiss ! Boum boum ! C'était le programme ! Le tir d'artillerie se déclencherait sans doute bientôt. Peut-être dans deux heures à tout casser. Peut-être dans trois. Allez savoir. Mais sûr de sûr, le ciel dégorgerait un gros hoquet. Certain. Officiel. Renseigné par l'aviation. Certifié par les augures. Tôt ou tard, la nue s'ouvrirait sur un cauchemar sans fin. C'est ce qu'on nous promettait. Rataboum et dix de der, des tonnes de fonte et d'acier sur nouzôtres pour le coup d'envoi de la bataille !

Capdebosc avait entamé une sorte de méditation grave et raisonnée qui lui arrachait parfois des froncements de sourcils. Un contre mille que cette fois-ci les boches allaient tout éteindre. Le coin allait devenir très moche. Sauve qui peut pour épargner le genre humain ! Vite, garer nos petits tas de secrets ! Carapater avant le déluge ! Dernière sagesse avant l'assassinat collectif ! La bête faramine allait se jeter sur nous. Le mille-pointes à casques allait se déployer. Tout le défilage des canons y passerait. Les fosses ouvriraient leurs gueules pour vomir des volcans de fumée et de feu. Après les Howitzer de 305 pour nous farcir sous la fonte, les 107 allaient nous passer au torchon, cracher au choix leurs obus explosifs dosés à l'acide picrique ou leurs projectiles à shrapnells avec leurs trois cents balles de dix grammes faites pour nous disperser la cervelle, les torpilles allaient rappliquer ensuite, guidées à ailettes, bourrées d'un explosif très violent, les minenwerfers entameraient la chanson des tranchées d'en face, tous les crapauds-obusiers de la panoplie, les marmites, les lance-bombes Krupp à projectiles sphériques, les suppositoires allongés, allaient valser en l'air, beugler de toutes leurs boules à neuf pétards, se lâcher à toute lumière et grand vacarme, nous dérouiller au fond de nos trous puants. Et même en admettant qu'une poignée de bougres survive à l'averse, les boches allaient nous sauter sur le râble en hurlant. Tout nous empoigner. Vider les survivants comme des lapins.

Mais en lever de rideau, grand spectacle ! Ça allait brasser l'air ! Ça allait clamser par dizaines ! Le grand feu qui roule allait creuser la terre de sa brûlure. On serait voltés vifs. On se mordrait la langue. On se reconnaîtrait plus.

Le sergent était comme fossilisé.

*
* *

Au fond du boyau, isolé de tous, la pipe éteinte, le regard terni et égaré, le pauvre homme poursuivait un curieux monologue intérieur. Parfois même, il élevait ses deux mains décharnées comme si, pour faire front à l'argumentation d'un être invisible, il n'avait de ressource, pour répondre aux obscures répliques, que le choix des ripostes emportées qu'il se faisait à lui-même.

Le visage illuminé d'un vain espoir, raide comme un bas-relief de monument aux Morts élevé à la face de l'Histoire, seul au monde, le boulanger de Bazoches-les-Gallerandes venait de s'en prendre aux vivants, à ceux qui auraient mission de refaire le monde quand tous les poilus seraient écrabouillés.

Capdebosc, le prophète des fournils et du levain, venait de s'écrier avec un accent givré, habité – hugolien pour ainsi dire :

— Hommes de l'avenir ! Saurez-vous recueillir les noms glorieux qu'une boucherie farouche va encore une fois vous léguer ?

Et sa stupeur ne connut pas de bornes lorsqu'il s'entendit répondre par une voix de mêlé-casse :

— Grande misère, Théo ! Tu parles d'un attrape-cons ! Ça m'étonnerait qu'on nous grave un palmarès !... Une fois qu'on sera crevés, on sera bien morts et oubliés !

Le lascar qui avait lâché ça entre ses dents était planté sur ses guimblets.

Capdebosc s'était retourné tout en colère. Il écarquillait les yeux. Tout de suite, il bouillait. Derrière le profil fuyant, il avait du mal à identifier le caporal Charpaillez avec huit courroies de bidons autour de la poitrine et sur l'épaule un porte-manteau de boules de pain enfilées en chapelets. Charpaillez, retour de corvée de soupe et de courrier pour l'escouade.

— Débine, Alphonse, ou je te retourne ! avait aboyé le sergent en sautant sur ses grolles, en secouant l'avorton comme un prunier, en lui serrant le kiki, en l'écrasant de tout son poids. Petit fouille-merde ! Est-ce que tu t'es regardé, salope ? Est-ce que tu sais seulement ce que c'est que d'avoir des responsabilités ?

— Pas de chichis entre nous, sergent, avait répondu l'inusable Charpaillez. Des responsabilités, j'en veux pas. Les responsabilités, c'est pour les gens qu'ont les dents blanches !

15.

Au travers de ses jumelles, Montech suivait attentivement la progression de Boris Malinowitch Korodine sur le terrain.

Un sourire à peine esquissé sur les lèvres, le peintre des portraits rouge et vert d'Apollinaire, d'André Salmon, de Kahnweiler, de Fernande Olivier, de tant de petites femmes de la nuit, continuait sa progression désordonnée sur un sol qui n'était que chaos.

Il bagotait dans la sagouille. Muré dans sa raideur, il passait. Il enjambait les morts.

D'un geste farouche, il rejetait tout ce qui l'affaiblissait, il allait grommelant des phrases sans suite, vite, traverser la Bérézina à la nage avant qu'elle ne gèle ! Avancer à l'abattoir sans protester, s'enfoncer dans le sol de la steppe, plus vite, plus fort, maudit cosaque ! Pas faire d'histoires, c'est la guerre !

Il piochait, il sondait, il retournait la glèbe. Il avançait sur le ventre, prenant à témoin les arbres mutilés, la terre en lambeaux.

— Terre ! Terre de Sienne ! Terre d'ombre, je t'aime ! Fi du danger ! Fi de la vacherie des mitrailleuses embusquées derrière les mottes ! Le peintre téméraire, le peintre fauve, le copain à Van Dongen, l'émule des cosaques du prince Korodine continuait à lancer ses beuglées colorées à la face du monde.

Il était saoul comme un Russe.

Ramier demeurait introuvable.

*
* *

Sous la lumière oblique et pâle du soleil, Boris luttait contre une envie irrépressible de quitter le décor de toutes ces écorcheries humaines. D'un coup, c'était trop ! Il se sentait une envie folle de nier la guerre et son tragique cortège.

Il s'était dressé. Brusquement, il ne craignait plus rien. Les couards, les pleutres n'étaient plus de sa planète. Il avait le sourcil froncé, l'accent terrible. Il avait envie de clamer à la face de cette colline désolée, devant ces arbres mutilés, ces plantes arrachées, cette terre en lambeaux, son détachement de la vie.

Largement alcoolisé et inventeur de ses propres forces, il se sentait cheval. Il se voyait centaure. Il survolait en rêve les écuries du palais Korodine où dansaient de magnifiques alezans en robes noires. Il venait de sauter en selle du plus fougueux des coursiers.

Profitant d'une légèreté retrouvée pour filocher le long des égouts [1], toutes boussoles déconnantes, il s'était mis à sautiller sur les sentiers détrempés qui suivaient la crête.

À dada ! À dada !

Fêlé dessous le casque et perdu pour la guerre, avec

1. Ainsi les poilus se plaisaient-ils à appeler leurs tranchées.

brodequins, barda et mousqueton, l'engagé de Vilnius, le cosaque Korodine, avait perdu la nénette. Il riboulait des prunelles. Il était fafa. Il travaillait du violon. Autour de lui, la terre déchiquetée sentait l'éther.

16.

Capdebosc était de nouveau soudé au téléphone.

Il prêtait toute son attention aux confidences et états d'âme de son interlocuteur du moment, un aspirant pétocheur paralysé par la difficulté de sa tâche.

En remplacement de son pitaine récemment occis par un tir de mitrailleuse, cet officier en peau de fesses commandait pour la première fois une batterie d'obusiers de 105 qui était censée couvrir la position des chasseurs depuis la base de la colline. Le petit sous-lieute d'artillerie déballait ses outils sur la ligne, effectuait ses réglages. Sapristi, disait-il, je suis embêté, je vous le cacherai pas, ch'uis vraiment enquiquiné avec mes canons, j' suis tout neuf en la matière, des Ponts et Chaussées à l'artillerie, y a une foutue différence dans les relevés topographiques, je risque de vous arroser. Comprenez-moi, je me gratte, c'est pas du rêve, quand il y a une attaque et qu'on envoie un matelas d'obus, on n'ajuste pas toujours le tir...

La voix de cet artilleur emmerdé continuait à faire son rantanplan de désolation dans le téléphone de campagne. Voilà deux minutes que ça durait, une complainte en pointillé, un bourdon lancinant et une chiée de soupirs par là-dessus. Vous découragez pas ! lui disait Capdebosc, mettez-vous à ma place, lui répondait l'autre, remarquez, j'ai tout ce qu'il faut pour arroser votre coin, je pourrais faire de la munition, mais vu que ça risque de vous tomber sur la tronche, j'aimerais pas abuser du *brutal*. La communication était de plus en plus mauvaise. Elle était entrecoupée et perturbée par une vocifération dominante, genre voix qui gronde, une criaillerie du double, totalement affolée.

Ce message parasite venait de loin. Il était impératif. Il était vital. Capdebosc n'en comprenait pas une broquille. Il ramassait seulement des miettes. Il se dévissait pour mieux écouter. Il entendait la voix cinglée couvrir la voix désolée, gueuler, nom de Dieu ! Ici le colonel Rémuzat de Vaubrémont ! Il faut rien faire à moitié ! Tout de suite ! Tout abandonner ! Allez ! Allez ! Repliez-vous ! Mangin n'est pas pour les tirs de barrage ! Il dit que ça prouve que la troupe hésite à marcher... Tout est boutiqué contre vous ! Ça va être gratin, moi, j' vous le dis ! Les gars vont se faire massacrer pour rien !

À bout de toute patience, Capdebosc risquait une remarque au milieu de la panade générale, mais mon colonel, vous disiez le contraire il y a seulement deux heures ! Vous disiez qu'on allait leur foutre sur la gueule !

— Les données ont changé ! Ne discutez pas !

L'échauffant phrasibuleur crachouillait derechef, allons, mon vieux, quoi ! puisque je vous dis qu'il n'y a pas de remède ! Et puis, vous savez, tant de gens courent sans savoir où ils vont et sautent à la fin dans un grand trou noir !

La voix un tant soit peu rassérénée de l'aspirant d'artillerie s'était imposée à nouveau, effaçant celle du colonel Rémuzat. Elle conseillait à nos chefs, à ceux qui conduisaient nos vies – Capdebosc, un autre sergent qu'on avait fini par trouver et aussi un grand sifflet d'adjudant rafistolé de bandages –, d'opérer un repli de cent mètres, de redégringoler à mi-pente pour trouver refuge dans les « puits-cavernes », dans les *creutes*, d'où nous avions délogé les boches à l'aller. Eux seuls offriraient un abri convenable contre le déluge de feu qu'on nous promettait de la part des Allemands.

D'ici à une heure au plus, le rouleau compresseur, le *trommelfeuer*, allait se mettre en route. Capdebosc avait l'œil à la montre.

— C'est pas lerche, une heure, il a dit. Ça nous arrivera vite sur la gueule.

Il a vivement raccroché.

Troisième couplet

LA VIE INEFFAÇABLE

17.

Escapade folle ! Pendant que se tramait le grand raplatissage de ses camarades, Korodine continuait sa course en plein délire. Tournant le dos à ses positions, avec un petit sourire supérieur, le peintre trottait au-dessus des débris innombrables de la colline sacrée ! Il disait j'ai couché avec les chevaux ! J'ai mangé avec eux ! Je suis presque un cheval ! Il cabrait, il tanguait, il ruait ! Il hennissait ! Il débloquait.

L'homme-cheval s'enfonçait tout droit dans la campagne retournée. Sa course ? ce serait trop long à raconter ! Il était ailleurs ! Il montrait un sacré culot ! Il galopait devant lui ! Il avait les bras caracolant. Il risquait les balles. Respiration, expiration. Les yeux plissés, les bras tendus en extension, le bel artiste de la butte Montmartre tirait sur les rênes de sa monture. Piaffant des quatre fers sur un fond de légers nuages blancs, il haranguait l'invisible danger dans un suprême défi passionné :

— Allez-y, un peu pour voir ! Allez-y, mes boches ! Vas-y Gunther ! *Feuer*, Helmut ! Crevez-moi le ventre ! Je vois des fleurs ! je vois des oiseaux ! Je vois le ciel ! Je m'en rote de toutes vos saloperies !

Il repartait.

Cheval-avant, chasseur-centaure, il déployait ses pattes

antérieures. Il activait sa monture en zigzaguant parmi les morts et la charogne. Il se déployait en pleine force. Il se sentait monté sur des ressorts. Il avait des bielles dans les mollets. Il forçait la machine humaine. Avance un peu, bourricot des steppes, vilain cheval slave ! Qu'on se ranime ! Galope, haridelle ! Il faut soigner le corps pour sauver l'homme !

À foulées allongées, il courait au-devant d'une levée de terre.

Un deux ! Han, aïe ! Plié ! Relevé ! Torsion, traction, galop ! hop hop ! Respirer ! Expirer !

Demain, mourir.

*
* *

Une balle venait de lui ronfler aux oreilles.

Une balle seule. Une balle chercheuse.

Une autre abeille avait suivi.

Il s'était jeté à terre.

Le fusil du tireur embusqué avait craqué une troisième fois. Le projectile était passé bord poil de la silhouette aplatie du chasseur, fouettant le casque d'un mort.

— Je les ai trop énervés, s'amusa Boris. Ils sont à peine à soixante mètres. Le type cherche à faire un carton.

Salué par une nouvelle détonation, il franchit d'un bond le seuil du parapet le plus proche et plongea à couvert. Trois mètres plus bas, il atterrit rudement sur les côtes. La vasière était tellement boueuse que sa chute s'en était trouvée quelque peu amortie. Il ressentit une impression progressive de glace et c'était l'eau qui entrait par son col. Il se trouvait dans une portion du labyrinthe fraîchement désertée par l'ennemi.

Il se redressa.

Pas beaucoup de quoi rigoler autour de lui. Il avait un mauvais goût de terre dans la bouche. Il pensa qu'il devait avoir les dents jaunes et dégueulasses. Qu'il ne ferait plus jamais reluire une femme.

En inventoriant le terrain, il avait trouvé deux grenades à manche. Des pétards qui venaient de l'autre bord. Il se demanda où il avait imprudemment mis les pieds.

Soudain, il se sentait seul. Il avait le cœur cassé. Il faisait sombre aussi.

*

* *

Il prit une poignée de terre et la respira. C'était très curieux, à force d'être minée, creusée, fouillée, à force de faire exploser de la cheddite journellement dans la colline, la terre était saturée de vapeurs toxiques.

Il cessa tout à fait de bouger. Il prêta l'oreille au moindre bruit. Et, comme il allait se remettre en route au hasard d'une galerie, des coups sourds ébranlèrent le ventre profond du sous-sol : un martèlement de pioches, un remuement de pelles qui franchissaient l'écran de la terre. Une sape ! Il se trouvait au-dessus d'une sape allemande ! Il s'était enfoncé à la lisière des nouvelles lignes ennemies !

D'un coup, pur bourdon ou noire prémonition de sa mort prochaine, Malno avait soif. Ses copains lui manquaient. Tincry, Montech, Ramier, sa famille des turpitudes et des frayeurs, ses trois bath-zigues, ses potes, ses franquis, il aurait voulu pouvoir les toucher, partager avec eux sa trouille du moment.

Il avança prudemment à quatre pattes dans la pénombre. Il cherchait à s'orienter. Sa crainte était de se jeter dans la gueule du loup.

*
* *

Soudain, à l'intersection de deux boyaux, lui parvint un bruit traînant. Il risqua un œil au ras du sol. C'était un quidam qui rampait sur le ventre. Un embaumé recouvert de merde et de boyasse, un type dans son genre mais pas fatalement dans son camp.

L'intrus était arrivé en tortillant du cul par le terrain retourné sous le pilonnage des obus. Il laissait derrière lui une trace luisante dans la gadoue.

Depuis l'entrée du tunnel étroit où il avait trouvé refuge, Korodine pouvait entendre son haleine. À en juger par sa respiration précipitée, le type avait l'air exténué.

18.

Un moment passa.

L'ombre se tenait immobile sur les coudes. À contre-jour du ciel, en surplomb de la tranchée, son visage pris dans un masque de boue était illisible.

Deux longues minutes s'écoulèrent encore sans un bruit. Puis, l'intrus allongea le cou pour s'assurer qu'il était bien seul.

Étiré au-dessus du vide, il tendit la main pour évaluer la raideur de la pente. Ses doigts lancés en éclaireurs palpèrent l'eau qui suintait le long des madriers soutenant la boue épaisse. À la recherche d'une prise la plus ferme possible, ils frôlèrent le visage de Korodine et se refermèrent sur un étai.

Boris remarqua que le visiteur portait une bague limée dans une douille et, à sa manière de se rassembler comme un tigre, sut qu'il s'apprêtait à sauter près de lui. Il avait un couteau de tranchée entre les dents.

Rencogné entre deux sacs de terre, Korodine fit jaillir sa baïonnette du fourreau. La lame, dégagée des chiffons qui l'entouraient pour amortir les bruits, jeta un éclair furtif.

— *Wer da ?* s'enquit aussitôt le nouvel arrivant.

Une sourde angoisse perçait dans sa question.

Korodine se garda de répondre.

Il fixait les ténèbres.

— Viens, Poupoule ! lança-t-il. Descends un peu, *schweinkopf*, et j' te prépare en mortadelle !

Il préférait en découdre plutôt que de prolonger la situation qui devenait usante pour les nerfs.

— Vingt dieux ! arrête ta mousse, Malno ! tu m'as fait peur ! chuchota soudain le masque de boue. Et, seulement alors, Korodine reconnut en l'intrus son ami, Guy Maupetit, dit Ramier.

*

* *

Mâchoires serrées, corps alourdi par sa capote imbibée de flotte, l'ouvrier fraiseur acheva de franchir la levée de terre fraîche qui bordait le tunnel étroit et se laissa basculer lourdement le long de la paroi.

— Y a « Fritz » qui tire sur tout ce qui bouge, renseigna-t-il à voix basse. Je me suis fait canarder, en voulant te porter secours...

— Tu m'as pisté ?

— Non mais, écoutez-le çui-là ! À quoi je marche, à ton avis, sac à figure ? À l'indiscrétion ?

Korodine posa son index sur sa bouche et enjoignit à l'ouvrier de se taire. Des coups sourds, de nouveaux signes de terrassement, ébranlèrent le sol.

— On est juste au-dessus d'une sape où les chleuhs travaillent dur ! souffla Korodine.

Ils restèrent un long moment immobiles.

Le casque de Ramier insensiblement s'inclinait sur son nez. Lui barrait la vision. Finissait par le transformer en homme sans tronche.

— Essaye pas de me faire rire, prévint Korodine. Tu y arriveras pas.

— Mon pot de chambre est trop grand pour moi, expliqua le rescapé avec un grand sérieux. Il redressa son couvre-chef, serra la jugulaire. J'ai perdu le mien au moment où j'ai été soufflé à l'arrière-train !

Il avait fini par retirer son casque. Malno avait fait de même.

Les yeux dans les yeux, les deux revenants épluchaient leurs lèvres éclatées, leurs joues tartinées de boue et de noir de fumée, leurs barbes de deux jours, ils exploraient leur image de rats galeux, leurs cheveux agglutinés comme des crins. Une sorte d'obscurité mentale venait de les submerger.

— Deux fois aujourd'hui, la mort m'a pété dans la gueule, finit par murmurer Ramier dans un grand accent de sincérité ! J'ai eu si peur que j'allais passer !

C'était comme s'il venait d'ouvrir une trappe derrière lui. Il avait l'air de revenir d'un grand mal. Ses lèvres avaient configuré un sourire trembleur. Sans fausse honte, il s'était précipité dans les bras de Malno.

— Ah, *Saint-Pétersbourg* ! ânonnait-il du fond de sa fatigue, quelle vacherie, le monde où nous sommes ! Ma pauv' vieille tige ! Pauv' toi ! Vraiment, vraiment, quand j' te zyeute, j' vois que des totos qui paissent tranquilles au fond de tes mèches !

— Putride saucisse ! Attendrissante cochonnaille ! s'épanchait en retour Korodine. Tu pues la merde et le jus d'homme ! Mais c'est plus fort qu'un Raspoutine, j'ai besoin de toi pour continuer à vivre !

Ils auraient voulu en rire, les deux sacs à puces, mais ils sentaient si mauvais, ils poissaient si gras, ils refoulaient si aigre, ils reluquaient si dingo, vaguement secoués de temps en temps par un spasme de dégoût, de rire et de chagrin mêlés, qu'ils restaient pendus l'un à l'autre, clowns tristes, deux biffins loqueteux, parias pour la riflette, viande à bataille, abandonnés, vautrés, pisseux.

Si bien qu'au lieu de penser à réintégrer leurs lignes, et à garer leurs abattis, ils reniflaient de rigolade, ils faisaient de drôles de bruits avec la bouche, c'était comme un asthme qui s'étrangle.

Et, sans doute parce qu'ils en avaient épais sur le cœur et qu'ils ne s'étaient pas méfiés des sentiments, leur rigolade avait dégénéré en petits rictus incontrôlables.

Ils s'étaient mis à pleurer silencieusement dans leur berceau fangeux.

19.

On a rassemblé nos paquetages, le fourniment, les pelles, les couvrantes, les bidons, on a chargé tout ça à dos de chasseurs. Fallait voir comme ! Han deusse ! Ordres et contre-ordres, au coup de sifflet, on est partis !

Un bordel jamais vu. Les boyaux engorgés par la pluie, les sentiers détrempés, on glissait, on boulait, on bûchait avec tout le barda, à petits bonds, on dévalait. On se mettait en quête de ces fameuses cavités qui avaient servi de nids de mitrailleuses à l'ennemi, on inventoriait le moindre trou aménagé dans le gruyère de la roche, des béances au ras du sol, sortes de caches de rats encombrées par des cadavres de *feldwebels* à demi consumés, par des tas de fridolins roussis par les sections *Schilt*, spécialistes dans le processus de nettoyage au lance-flammes.

Quand l'abri était plus vaste, des défenseurs vitrifiés avec leur matériel, minces silhouettes cramées, la chair ratatinée, noircie, semblaient protester contre notre intrusion. Emboîtés dans leur casque, la peau par lambeaux encore attachée à la boîte crânienne, la denture ricanante, ils avaient été figés en pleine vie par la crachure d'apocalypse, ils étaient ébréchés aux gencives, ils avaient des fins de gestes implorants. Hauts comme des moulins, ils se dressaient. Il fallait se battre contre une gigue de squelettes pour prendre pied dans la casemate.

Partout où le godillot se posait, la même désolation – des troncs éclatés par la mitraille, des sols barboteux. On renfournait sans cesse dans la mélasse. On y était jusqu'aux genoux. Épuisés. À tordre. Ahuris.

Plus le temps trottait sur les aiguilles, plus on redoutait la mise en marche du bombardement. Il fallait voir tout un peuple de momies de boue se précipiter sur les abris. Rescapés de baïonnette, les poilus se battaient pour entrer dans une fente, pour se chercher un toit de rocher contre la mitraille, les plus démunis erraient encore au milieu des barbelés. Sauve qui peut la vie ! Ils cherchaient une tanière, un petit coin de miracle où planquer leurs abattis pendant que ça serait trop vache à endurer.

Capdebosc était admirable, il encourageait ses ouailles, il délogeait les morts pour faire de la place à ses hommes. À pleines mains, il dégageait l'entrée d'une casemate, faisait voler les trépieds des mitrailleuses calcinées, les ossements à demi consumés, genre de type inatteignable aux balles, ne réclamait rien pour lui. Prêt à entrer au paradis sans frapper. Il se rendait vers la mort à grands coups de matière.

— Creusez ! il faisait simplement en travaillant comme un laboureur. Enterrez-vous profond ! Ça va caillasser ! Des tonnes de ferraille !

Un moment, Raoul Montech qui s'escrimait à dégager les cadavres dans son sillage avait tourné vers lui sa gueule luisante.

Leurs yeux s'étaient croisés.

— Montech ! Qu'est-ce tu fous ? T'arrête pas ! Tu te regardes fondre le bonbon ?

— Non, sergent, je me demande seulement si la vie ne devient pas intolérable.

— Fais pas de petites manières, caporal ! Travaille ! Prends exemple sur les fourmis !

— Les fourmis ?

— Ouais, des bestioles qui travaillent sans avenir. Elles bossent même si tu les écrases. Même si tu les brûles. Elles se demandent pas pourquoi ça biche pas. Pourquoi ça écrabouille. Elles font le boulot. Comme leur voisine. « Toutes pour toutes ! » C'est leur devise !

— C'est ça l'atroce ! Elles gambergent pas !

— Peuh ! se ranimait le boulanger en accomplissant sa tâche de fossoyeur, en allant chercher ses phrases dans la profondeur de son âme, nous, l' genre humain, gamberger, c'est not' malchance ! L'esprit nous rend pâlots !... il nous fout la chiasse, il nous met la pétoche au gros intestin !... ça nous retarde drôlement, tu crois pas ?

20.

— Les sapeurs fritz progressent, avertit Korodine. Pour un peu, on finirait par tomber dans leur salle à manger !

Il avait appuyé son oreille à une poutre et attendait que reprenne le bruit du pic ennemi précédemment repéré.

— J'entends leurs pas de voleurs, chuchota-t-il. Y a pas d'erreur, ils sont là. Pt' être à deux mètres... peut-être à six !

— Pas question de rester jusqu'au traité de paix ! trancha Ramier en ramassant son fusil, sa musette et en coiffant son large casque.

— Toujours pas le moment de me faire rire, gronda Korodine. Allez, je passe devant !

Aussitôt, le rugueux s'arracha. Ramier courait sur ses talons.

Ils avancèrent un moment dans un boyau, progressant parmi les excavations où l'eau s'était amassée.

— Ça *schmeckt* ! Ça cocotte ! chuchota Ramier en fronçant le nez. On peut même dire que ça schlingote ferme !

Korodine acquiesça.

Autour d'eux, la terre était saturée de vapeurs toxiques. Les fumées leur arrivaient on ne savait d'où. Elles progressaient par les fissures de la terre. Elles s'accumulaient en poches de gaz, ces poches qui, un beau jour, se rompaient, et vous asphyxiaient un homme alors même qu'il prenait son repos.

Profitant d'un endroit favorable, ils se hissèrent lentement et s'arrachèrent à la gadoue nauséabonde.

À perte de vue, des crêtes et des crevasses enlacées pavaient le sol ras déchiré par des milliers de corps étrangers. Pas question de se dresser. Pas question de s'exposer au feu des fusils boches. Ils optèrent pour la rampette. Ils étaient comme des rats qui cherchent leur trou. Pas un trou quelconque. Leur trou. Celui que leurs congénères ont bidouillé. Ils cherchaient l'entrée de la première ligne de tranchées fraîchement conquises. Ils avaient hâte de retourner grelotter dans la boue avec leurs compagnons.

Sur un signe de Korodine, ils couraillèrent en zigzags sur le tertre de la mort. Le sol aux contours fantasques, déchiré, bossué, défilait sous leurs brodequins alourdis par plusieurs kilos de terre. Le casque au ras de l'arête du nez, Ramier empêchait le maudit saladier à poux de valser sur son crâne. De temps à autre, Boris revenait en arrière et lui donnait la main pour le guider.

Ils s'avançaient en trébuchant dans les trous. Un tireur ne tarda pas à les saluer. Bzzz, bzzz, les balles du mauser ronflaient autour d'eux.

21.

Capdebosc était arrivé à caser tous ses hommes à couvert dans les cavités, les *creutes* ou les casemates aménagées.

Il avait fait la tournée pour soutenir le moral de chacun.

— Vous plaignez pas, il avait dit à ses chasseurs, les Sénégalais de Mangin ont dégusté pire que nous et y paraît que le 208e existe plus ! Ses chefs demandent à l'état-major la relève d'une division entière.

— Et les chars ? Qu'est-ce qu'ils ont fait, les chars ? Ils sont sûrement entrés dans la danse ? s'était avisé un type qui s'appelait Matabian.

Capdebosc ne pouvait pas blairer Matabian. Il pensait que le Toulousain était toujours du genre qui pose la question embarrassante.

— Alors, ces chars ? recommença le petit homme.

Il était garagiste à Muret.

— Huit sont tombés en panne, informa Capdebosc sombrement.

— Pas grave. Il en restait quarante ! dit Matabian avec une confiance inébranlable. C'était un type qui se tenait très au fait des performances et des capacités de ces nouveaux engins à chenilles car il rêvait de se faire verser dans un corps de blindés de l'armée Mazel.

— Je parie qu'ils n'ont pas mis longtemps à parvenir jusqu'à la première tranchée allemande ! supputa-t-il.

— Cinq, six minutes.

— M'étonne pas ! Les chars, c'est l'avenir ! s'écria Matabian. Ils bousculeront tout sur leur passage. Est-ce qu'on a gagné la guerre ? s'enquit-il encore avec gourmandise.

— Pas cette fois-ci, bougonna le sergent. La tranchequaille boche avait trois mètres de profondeur. La première cafetière à roulettes qui s'est présentée a basculé en avant et a obstrué l'obstacle.

— Bon. Mais il restait trente-neuf petits teufs-teufs Hotchkiss ! s'obstina le garagiste.

— Leur progression était impossible, grogna Capdebosc. Je te dis qu'elle était impossible !

— Pourquoi ?

— Toutes tes bousines blindées se gênaient les unes les autres. Les tankistes se sont retrouvés à la merci des baïonnettes !

— Les chleuhs pouvaient quand même pas arrêter nos blindages avec des aiguilles à tricoter !

— Foutu gâchis, Matabian, je te dis ! Vas-tu comprendre ? Les nôtres ont dû combler la tranchée sous le feu ennemi. Aménager des passages !

— C'est un monde, ça ! Et alors ?...

— Les canons boches en tir direct ont incendié ou immobilisé tous tes tas de ferraille ! Huit seulement sur quarante-huit ont réussi à regagner l'arrière. Le commandant Bossut à la tête du groupe a été tué.

Matabian était assommé. Grand spectacle de le voir ! Il avait rentré la tête dans les épaules. Il se taisait. Il prenait la défaite à son compte.

— « Qui perd bataille, perd courage », marmonna-t-il enfin pour lui-même.

Troisième couplet

C'était un gus pas conforme. Il était en uniforme, mais souvent se promenait la tête nue. Il était fait pour le béret. Pour la salopette et les mains dans la graisse. Il avait toujours un tire-jus entre les mains. Il s'exprimait volontiers par proverbes. Avec cette histoire de tanks mal emmanchée, l'offensive Nivelle, Matabian, il la digérait mal. Il la voyait pas.

Il disait :

— Je la vois mal.

Il disait aussi :

— Têtes de lopes !

On ne savait pas s'il visait le haut commandement.

Il était mat.

22.

Le dos rond, Ramier fonçait derrière Korodine dans la galerie emplie d'eau. Les deux hommes enfilaient les boyaux au hasard. Parfois, s'arrêtaient. Cherchaient à s'orienter.

À la vue d'un obstacle inopiné, le géant stoppa sa progression. Avec méfiance il sonda une muraille de sacs de terre et de gabions placés pêle-mêle au mépris des lois de l'équilibre en travers du chemin.

— Passage embouteillé ! chuchota-t-il. Ici, les 210 ont soufflé comme des forges !

— De l'autre côté, ça mène chez nous, décréta Ramier au bout d'un moment.

Il était tombé en arrêt devant un remblai. Une paroi lisse couronnée par un assemblage de fils de fer barbelés. Il avait l'air sûr de son coup.

— Au moins, t'as un repère pour dire ça ?

L'Auxerrois haussa les épaules. Pour toute réponse, en pataugeant dans l'eau grasse, il entreprit de contourner l'inextricable barrière. Il commença à grimper en s'appuyant des coudes et des genoux aux parois glissantes. Ses grolles traînaient avec elles de gros paquets de boue. Il se laissa tomber lourdement de l'autre côté, suivi et imité en tous points par Korodine.

— Et maintenant, murmura le Russe, t' as une idée sur la question ?

D'un geste las et inachevé, Ramier désigna une forme avachie dans la pénombre.

— La v'là ma preuve. C'est Bouchy. Tu sais, le jeunot qui recevait des lettres parfumées.

Korodine se pencha sur un corps enchâssé dans le parapet. Une jambe dépassait. Il frôla cette chose ballottante.

— Le petit brancardier ! marmonna-t-il. Pauvre gosse ! Il a déchiré sa couverture !

— Lui et son copain Mercandier m'avaient ramassé. Y m' trimbalaient comme un roi fainéant sur leur brancard quand un « patard » a sifflé au-dessus de nous. Moi, en voyant s'allumer les queues de rat de la comète, j'ai tout de suite pensé qu'on y laisserait des plumes ! j'ai mis tout le jus que j'avais dans les mollets et, merci les gars pour le lift, j'ai sauté du baldaquin !... Eux, le temps qu'ils prennent l'air étonné, y z'étaient déjà partis dans les airs... Wraboum ! Le ciel guimauve ! Faramineux boucan ! Chaleur d'airain ! Mercandier, volatilisé ! Bouchy redescend, se fracasse la gueule. Il gémit encore. Mais le temps que j'aille le voir, ses cris diminuent. On aurait dit un chanteur qui descendait la gamme. Il a fait couic et c'était fini.

— Allons-y ! trancha brièvement Korodine. On fera envoyer la toile de tente au gamin. La corvée de cadavres le ramassera. Ils l'enterreront proprement.

*
* *

Ils avaient pris une fois de plus leurs jambes à leur cou. Une main rivée au bord de son casque, Ramier s'efforçait d'en maintenir l'assiette. Ils avaient abordé une partie de terrain particulièrement crémeuse. Ils finissaient par avoir les jambes molles. Tellement molles que Ramier n'avait plus la force de les retirer de la boue où elles enfonçaient jusqu'au genou.

Pendant une dizaine de mètres, ils grimacèrent sous l'effort, puis la grâce inonda leurs cœurs. Devant eux, un entonnoir de cinq mètres de diamètre leur offrait son asile.

Ils s'y jetèrent. Ils dévalèrent la pente abrupte. Vers le fond ! Ils atterrirent le nez dans la bouillasse.

Cette fois-ci, c'était étrange et presque dangereux. Il semblait aux deux amis qu'ils étaient très bien dans la boue. Jamais ils n'auraient pu penser que ce fût si agréable de rester immobile dans un trou. Ils étaient disparus pour ainsi dire. Absents au monde.

Ils ne remuaient plus. La viande à bout. Les muscles rompus. Le cœur à poil. C'était délicieux. Un état second. Un répit magique et pernicieux. Une parenthèse. Un fameux bien-être. Ils ne se sentaient plus responsables de leurs corps. Leurs nuques prenaient de l'épais. Ils dodelinaient de la tête. En état d'hébétude. Direction septième ciel. Les nuages flottaient. La guerre n'existait plus. La paresse les prenait.

Ramier était sur le point de s'endormir. Enlisé. Avalé vif par la terre, doucement, il s'abandonnait.

Adieu toujours et à jamais !

23.

Rien de tel que la fréquentation du trépas pour vous recaler au net. L'imminence du bombardement mettait comme un écran entre les yeux et le cœur des poilus. Chacun supputait ses chances personnelles de s'en sortir.

Tout de même, depuis que la nouvelle avait circulé que les Sénégalais avaient perdu cinq mille hommes dans leur attaque au coupe-coupe, la rogne allait son train chez certains chasseurs. Puisque le pire était à venir, puisque le temps des coups de crosse et des charges hurlantes allait bientôt balayer les supplications des blessés, n'était-il pas légitime que la révolte grondât ? Qu'avec de plus en plus de détestation, de rage et de rancune, des voix s'élevassent contre le commandement ? Que quelques meneurs fissent courir le bruit qu'on était volontairement sacrifiés sur l'autel de la nation tandis qu'une poignée seulement d'irréductibles s'accrochait encore à l'idée, qu'une fois de plus, leur bonne étoile leur permettrait de survivre au déluge des obus ?

— Vivre, c'est pas souffrir, a marmonné un caporal.

— Pourquoi on est montés jusqu'à cette crête ce matin ? a demandé amèrement un autre griveton.

— Surtout si c'était pour en redescendre le soir même ! lui a répondu un troisième.

— Encore un coup pour rien comme ça et on se tire ! ça gueulait dans les refuges où les poilus essayaient de prendre quelque repos avant l'orage.

— Y en a mare d'écosser le fantassin !

— On est juste de la chair à canon ! échotait une voix sans visage.

On finissait par se taire. Chacun se murait en lui-même. Sous la voûte de la crevasse, les combattants abandonnés entendaient la mort voler doucement comme un oiseau noir.

Celui-ci allumait sa pipe. Cet autre consultait une lettre de sa femme. Tel, qui pensait à son village, regardait le vide en soignant une plaie. Tel autre recousait un bouton. Mais même retournée aux simples dimensions d'une rumeur, la désapprobation secrète qui alimentait les esprits d'une fièvre sournoise attisait le doute et redoublait la crainte qui se lisait sur les visages.

La crainte. L'obscure crainte de voir se rapprocher le danger.

Elle larvait. Insidieusement, elle avait commencé à cheminer d'un soldat l'autre. Elle rabotait les énergies les plus inusables, elle dégonflait les courages les plus admirables et bien qu'ils fussent prêts à tous les tuages, à tous les sacrifices, à gauche, à droite, les hommes avaient commencé à moutonner.

*

* *

L'œil mauvais, enterrés dans leurs abris naturels ou accolés aux meurtrières des casemates, ils contemplaient la pente, l'embouse horrible, la bouillasse à souffrance, ils regardaient leurs morts, leurs copains déglingués, ils respiraient l'odeur des cadavres. Ils se recroquevillaient le nez enfoncé dans la capote, tassés sur les caillebotis, allongés, perclus, sans cesse dérangés par le piétinement des godillots. Ils attendaient l'heure de perdre la vie. D'avaler leur chique. Ils se regardaient bizarrement. Ils ne savaient pas vers quelle planche de salut se jeter. C'était ça le plus effrayant du phénomène.

— Nivelle au poteau !

— Les chefs, les députés en première ligne !

— Au four, la politique !

— À la castagne, les diplomates !

— Au gel, les généraux !

En moins que rien, le découragement avait fait place à la colère.

Un mec, nommé Maillard, avait baissé son froc pour montrer la lune à la société. Il avait sa femme tatouée sur le gras des fesses

— Angèle ! Angèle, il criait, je t'ai jusqu'au fond d' la peau !

Il s'était mis à courir en rond et en travers, zigzaguait dans la caverne de boue où il se trouvait en même temps que ses poteaux.

Après, il s'était risqué dehors.

Et franchement, on ne peut pas dire que ce n'était pas drôle ce gars tortillant du pot, battant la gigue dans le terrain vague, marchant à la polka avec sa gonzesse peinte sur les circonférences, mais, si simpliste que paraisse son incantation, aucun antidote ne prêtait à sourire à ce moment-là.

Mâcher un dernier morceau de camembert. Sucer un biscuit. Essuyer ses verres de lunettes. Montrer son cul. Graver du cuivre. Examiner la photo des gniasses ou exhiber le double médaillon des parents. Tout était bon avant de se présenter devant le général de l'armée du ciel.

Là-bas, au fond du terrain vague, une mitrailleuse venait d'aboyer.

— C'est Maillard qui vient d'en prendre un coup dans l'Angèle ! annonça le petit Favard.

— Au moins il est débarrassé, grogna un anonyme.

Le troupeau des hommes attendait son tour pour l'abattoir.

24.

Raoul Montech pensait à sa femme. Dans les moments où l'énergie de vivre quittait son corps ou quand la fatigue du jour donnait à chacun de ses muscles la pesanteur du béton, son esprit avait pris l'habitude de se mobiliser au service du rêve idéal.

Le truc, c'était la concentration. Longtemps, le soldat perclus se concentrait. Il restait immobile. Ses yeux s'acharnaient sur le flou.

La cervelle humaine est une habitation curieuse et bien étrange. Elle abrite les émotions vives, les fournaises éteintes, les projets de vivre, des scènes embrasées pendant lesquelles les corps tremblent de désir, la sonorité des rires, la carnation des chairs, le gonflé des lèvres, le duvet des nuques, l'intensité des regards, les occasions manquées. Comme en une grotte bénie, des bougies dédiées à des souvenirs tendres y brûlent aussi jour et nuit. Pourvu que vous sachiez profiter des courts moments de répit, vous n'êtes plus seul. Vous dites, j'arrive. Et la personne vous parle.

Ainsi, comme on apprivoise une tourterelle, il suffisait à Montech de murmurer un prénom – Pauline – et, au bout d'un moment, une ombre se détachait du gris.

S'il renouvelait son appel, les pas précipités de la jeune femme mordaient les graviers des allées bordées de platanes. Ils annonçaient sa silhouette irradiée de soleil. La main posée sur son chapeau de paille légère, jupons mousseux, chevilles fines, la fugitive apparition échappait au cercle de lumière. Ombre bleutée, elle évitait les branches basses du vieux tamaris et prenait sa course le long du chais.

Estompé par un fouillis d'herbes folles, son corps en mouvement s'allongeait sous l'effet traçant de l'éclairage, disparaissait aux lisières d'un roncier, se matérialisait au sortir d'un labyrinthe de buis. Pauline filait le long du puits, longeait la plate-bande de rosiers et, sur fond de vignes à perte de vue, se hâtait en direction de la maison en se délivrant du ruban de sa coiffure.

Elle grimpait les marches du perron. Elle franchissait le seuil de la demeure et se retrouvait, haletante, dans la fraîcheur du vaste hall carrelé de la chartreuse.

Elle disait :

— Mon cher époux.

Elle s'élançait. Il la recueillait au fond de ses bras.

Elle incarnait la beauté et la grâce. Elle était sa faiblesse et sa force...

*

* *

Le cul posé dans la boue, son fusil appuyé derrière lui, Montech fouillait dans sa musette. Attentif à ne pas se déconcentrer, il souriait machinalement. Ses doigts gourds cherchaient le contour familier d'une lettre.

Le temps s'était mis à passer n'importe comment. Il souriait, *Sauternes*. Il penchait la tête sur le côté.

Sous la quiétude apparente de son comportement perçaient les espoirs les plus fous, aussi les plus vives inquiétudes. Paupières mi-closes, il cherchait à ressusciter le dernier baiser qu'il avait échangé avec sa jeune épouse.

Les souvenirs n'ont pas leurs pareils pour nous faire peur de la mort.

*
* *

Depuis le fond du boyau, le caporal Charpaillez le dévisageait intensément. Vilain balbuzard, il observait le moindre de ses gestes. Il avait, comme on dit, le regard fouillant. Il gardait d'ailleurs constamment un œil de rapace sur tous ses compagnons. Ça ne datait pas d'hier.

Il épiait. Il matait. Il notait.

Ainsi, chaque fois qu'un des poilus de l'escouade s'échappait par la pensée et retrouvait ses tas de secrets, ses doux délires – sa femme ou sa maîtresse, sa mère ou ses sœurs –, Charpaillez était derrière lui.

Excuses pour l'indiscrétion ! À l'insu de sa victime, le petit caporal fourrier s'appropriait sa rêverie. Il appelait cela partir en filature psychologique.

Spécialiste du domaine privé, il s'entraînait à la filoche depuis fin 1915. Il collectait les informations concernant chacun. Il bâtissait des hypothèses. En tendant l'oreille ici ou là, en comparant ses analyses avec des indiscrétions, en plaidant le faux pour savoir le vrai, il glanait des certitudes auprès des proches de ses cobayes. Si nécessaire, il complétait le tableau de ses observations par des exercices de télépathie. Il finissait par s'approprier les secrets d'alcôve et les préoccupations des plus taiseux et s'identifiait à ses victimes au point de lire dans leurs pensées.

*
* *

Il tenait des fiches. Pour quand il serait flic. Pour quand il serait un informateur patenté.

Parce que c'était décidé, le petit physionomiste du *Vénus Aphrodisia* qui, par parenthèse, avait déjà pris le pli de la délation en mettant occasionnellement ses dons d'observation à la disposition de la police des garnis, avait décidé, s'il réchappait de l'ignoble boucherie, de troquer son enveloppe d'indicateur contre un brevet de policier.

Il bûchait le droit.

Il passerait sa licence. Il s'inscrirait au concours de recrutement pour la Grande Maison. Même s'il était de constitution chétive, (il toisait un petit mètre soixante-neuf et chaussait des godillots de la pointure 40 !), son corps était capable de montrer une résistance de fer. Même s'il n'était pas plus épais qu'un cheveu, il montrerait au monde qu'il en avait dans la tête !

Il réussirait.

Inspecteur-chef Charpaillez ! Il ne pensait plus qu'à cela ! Une carte tricolore, un solide parapluie, une arme de service bien graissée et une paire de cabriolets suppléeraient à son manque de prestance. S'il fallait se grandir, pas bien difficile, il ferait l'acquisition d'une paire de talonnettes. Quant à l'alléchante perspective d'une retraite de fonctionnaire, elle ne faisait qu'ajouter du moelleux aux attraits d'une carrière qu'Alphonse appelait désormais de tous ses vœux[1] !

---

1. Vœux qui seront comblés, ô combien ! À ce propos, le lecteur, s'il le décide, aura la faculté de retrouver notre homme en 1936 ! À cette époque, le chasseur Alphonse Charpaillez (blessé en novembre 1917 à Craonne, puis gravement gazé et réformé comme tel) sera effectivement devenu l'inspecteur Charpaillez. Domicilié rue de la Voûte, dans le XIIe, notre roussin s'apprêtera à mener à bien une retentissante enquête dans les milieux de la Cagoule. (Voir ***Le Temps des cerises***, tome 2 des **Aventures de Boro, reporter photographe**, par Franck et Vautrin.)

*
* *

En attendant ces jours heureux, en attendant de pouvoir exhiber sous le nez des contrevenants un intitulé professionnel digne de ses ambitions, notre future chaussette à clous s'était fait imprimer une carte de visite en relief. Une sorte de bristol honorifique et chichiteux gravé par anticipation où il se pouvait lire en pleins et en déliés :

Alphonse Charpaillez,

Inspecteur-chef de première classe

Enquêtes, filatures, retours d'affection
et missions en tous genres.

Une affabulation luxueuse, portant mention de son futur grade dans la Police, de sa médaille militaire et de ses trois citations pour courage exemplaire. Bref, une amulette magique, un protège-bonhomme destiné à mettre Alphonse à l'abri des dépressions, du tréponème, du typhus, des shrapnells, des éventrations de boyaux et des balles traçantes.

*
* *

De temps à autre, pour se rassurer, l'homoncule sortait de sa poche le petit rectangle de carton et le regardait intensément. Le gri-gri le regonflait, faisait office de remède.

Repimpé, Alphonse retournait illico à ses enquêtes psychologiques.

Ainsi, jour après jour, au fond des *égouts* de la République, cultivait-il pour plus tard (mais ceci est une autre histoire) sa paranoïa de méchant malingre et son immense talent de scrutateur des âmes.

*

* *

Pour autant, revenons à Montech...

Notre agricole est dans ses vignes du Sauternais...

Par la pensée, il enlace sa Pauline. Ses yeux brillent de convoitise. Ils sont posés, ils ne quittent pas un coin de peau d'une blancheur délicate, la naissance et le galbe d'un sein découvert par le décolletage en pointe de son joli chemisier...

Las ! Que se passe-t-il ? Voici que doucement, l'imagination cède le pas à la réalité. Le voile se déchire. Un plainte, un râle, s'élève dans la tranchée. Frissonnant de tendresse, Raoul rompt l'image intime. Plus de rires, plus de gaieté. Quelqu'un à ses côtés, un camarade blessé, geint puis invoque le ciel d'une voix murmurante.

Montech se retourne.

La statue de glaise enturbannée de sang marmonne les prières qu'il a apprises quand il était petit.

Montech sent ses yeux se remplir de larmes.

Vite faire quelque chose avant que le cafard ne prenne ! Au fond de la tranchée puante, Raoul hume la lettre froissée. Il traque le parfum de femme qu'elle enferme encore dans ses plis. Il se perd et se noie dans des souvenirs délicieux.

Il élève le papier à lettre jusqu'à son visage attentif. Il bat le briquet qu'il a sculpté dans une douille de mitrailleuse. Il dévore les premières phrases écrites par Pauline de sa grande écriture dévorante.

Non loin, Charpaillez semble s'éveiller.

Il flaire, il jalouse tous ceux qui savent où, en quels bras se réfugier, et qui ne prêtent pas volontiers leur bonheur. Il se sent si seul et si méchant. Il est si malheureux de détester les gens heureux.

D'un coup, il se décide. Il se coule et rampe sur la terre humide. Vermicule dans la gadoue, il s'adresse à Raoul avec un sourire d'une humanité terrassante.

Il dit :

— Caporal Sauternes ? Tu bandes ? Tu regardes l'écriture bleue de ta femme et tu grimpes en chaleur ?

D'un vague coup de pied, Montech renvoie le lombric au néant.

— Chacun son trou, Charpaillez ! Fiche-moi la paix !

— Personne ne m'écrit ! proteste le petit physionomiste. Prête-moi au moins une lettre à lire ! ronchonne-t-il. Je sais que tu en as des dizaines ! Je ferai comme si elle m'était adressée. Ça me fera le plus grand bien.

Il a vu le manque d'enthousiasme de Montech. Il renforce son bon sourire amical.

— Je vous dérange ? Je suis inopportun ?

Montech hausse les épaules et fixe le petit homme.

— En venant chez moi à cette heure, tu me gobes le sang, Charpaillez. Retourne d'où tu viens !

— Je suis lourd à porter, hein ? C'est ça ?

— Tu me fais chier.

— Oui, je comprends.

Il a l'air vraiment triste. Il ne s'éloigne pas pour autant. Il regarde le possesseur des lettres avec un air de caniche adopté.

— Il fait si froid, monsieur Montech. Tout glace.

Raoul baisse la tête.

— Tiens, pauvre bille ! lance soudain le propriétaire de Château Mourasse en tendant sa lettre au petit homme. Prends ! Lis ! Chasse en toi l'idée de la guerre ! Peu importe si les nouvelles que je te donne ne sont pas fraîches ! Profite de la beauté douce et tranquille d'une fin d'été en Aquitaine ! Profite de ce beau début d'automne 1916 ! Déjà c'est le passé ! Rêve un peu ! Il y a un parfum de mélancolie émouvante dans les vignes, à la veille des vendanges... Celle-ci est une belle lettre. Essaie de te délivrer de ta solitude. Dans une heure nous aurons tous craché nos péchés ! Lis un peu de bonheur !

Jaune dans sa peau, Charpaillez le remercie d'une phrase teintée d'humilité. Reconnaissant, il esquisse une espèce de génuflexion hâtive et nullement contrôlée et retourne à son coin de vasière à reculons.

De son côté, Montech sort son calepin et son crayon. Il s'apprête à écrire à Pauline. Aujourd'hui est aujourd'hui. Aujourd'hui est placé sous le signe de la mort. C'est une autre sauce qu'il y a six mois.

Il réfléchit à ce qu'il va écrire. Il reste la mine en l'air. Il devient sombre.

À l'autre bout de la tranchée, Charpaillez, avec reconnaissance, effeuille la vie de Pauline. Il pénètre à Château Mourasse. Il entre à son tour dans l'allée du bonheur mirobolant...

25.

Lettre de Pauline Montech, née d'Estalens à son mari, Raoul Montech.

Château Mourasse, 13 septembre 1916.

Mon bien-aimé,

L'été s'éteint dans sa riante gloire. Les premières feuilles de platanes jonchent l'allée qui mène à notre belle propriété des confins de la lande girondine.

Au soleil rasant, les vignes saignent. Le raisin s'emplit de sucs et dessine les promesses d'un vin exceptionnel. Cette année, la pourriture noble sera au rendez-vous du vendangeur. Chaque jour, je surveille les grappes et, en amont de Villandraut, déjà l'écharpe des premiers brouillards rampants tapisse les gorges du Ciron.

Voici bientôt un grand mois, j'ai été visitée par nos lointaines cousines de Vertamont.

Alba et Clara sont deux charmantes vieilles filles issues de la plus authentique noblesse et leur accent du Gers ajoute quelques notes roulantes à leur phrasé des pays d'Adour. Elles ont de l'esprit à revendre et c'est merveille de se rallier à leur bon sens, souvent pimenté d'humour vert.

Elles rient. Elles me font rire, même si je n'ai pas toujours le cœur à cela. Elles ont, comme personne, l'art de se moquer d'elles-mêmes et de leurs revers de fortune.

Tu l'as appris sans doute, elles ont été ruinées par les combinaisons et boursicotages de je ne sais plus quel neveu indigne qui a mal placé leur argent. Depuis, elles vivent chichement et de préférence aux crochets de leur parenté.

Au fait ! Je ne sais déjà plus quelle obscure raison elles ont invoqué pour débarquer chez nous à l'improviste ! L'objectivité m'inclinerait à penser que se sachant insolvables et incapables de faire face aux dépenses imposées par leur joli château de mousquetaires (qui avec ses deux tours octogonales et ses entrées Louis XIII damnerait n'importe quel amateur de vieilles pierres), elles ont décidé de faire la tournée de leur parentèle. Elles se sont installées pour l'automne au-dessus des communs mais prennent leurs repas avec moi.

Ne me gronde pas si je n'ai pas su leur dire non !

Elles sont si heureuses ! Elles sont tellement oublieuses de tous leurs mécomptes ! Elles égaient un peu notre demeure. Elles me fournissent aussi une aide précieuse. L'une, Alba, faisant office de gouvernante, l'autre, Clara, se transformant en professeur de piano.

Et puis ! Il faut les entendre raconter l'odyssée de leur vie ! Il faut les entendre évaluer leur débine ! Drôles à pleurer ! Surtout quand elles parlent de lécher les plaies de leur pauvre château.

Les toits, par exemple, s'écroulent par pans. Il leur faut chaque année murer une pièce admirable qui menace ruine et se replier plus loin. Heureusement, comme le dit Alba, la demeure est vaste avec ses quatorze pièces en enfilade sur deux étages, ses quarante-six fenêtres de façade, ses deux tours octogonales, son pavillon de chasse et sa chapelle gothique !

Décidément, les demoiselles de Vertamont m'enchantent !

Elles sont un mélange de raffinement extraordinaire et d'ar-

chaïsmes surprenants. Adeptes de la gaine à l'ancienne, figure-toi qu'elles souffrent de météorisme chronique et pètent comme des chevaux ! On se fait très bien à leurs bruits d'outres ballonnées, même à table, d'autant qu'elles ne sont pas fautives de leurs trop-pleins et fermentations intestines et s'excusent à chaque flatulence avec des grâces enfantines qui conduisent souvent les convives à des fous rires incontrôlés.

Les enfants de la paroisse se moquent volontiers d'elles. Ils le font depuis qu'à la sortie de la mercerie, ils les ont surprises à uriner debout, dans un bruit de cataracte.

Les drolles disent que leur façon d'imiter l'éléphant est captivante ! Elles mettent un pied sur le trottoir, tout simplement. L'autre dans la rigole. Et, tombe l'eau, soulèvent à peine leurs cottes ! Il est vrai qu'elles sont toutes deux prises dans des bures à l'étoffe si raide que leur structure de cloche les isole des regards et que leurs sous-vêtements, fendus sur le devant, leur permettent d'effectuer un jet sans brisure !

En réalité, même si leurs pratiques sont quelque peu abruptes et même si elles paraissent mal embouchées, les demoiselles de Vertamont ont du coffre ! Elles descendent de noble lignée et compensent leur liberté de comportement par une vaste culture, par des gestes assurés et un grand naturel qui tranche avec les mœurs étriquées de notre bourgeoisie girondine. Rien d'étroit, rien de petit, chez ces femmes ! Elles sont des catholiques convaincues et pratiquent avec une ferveur communicative. Telles des hussardes de la foi, tu aurais dû les voir, le jour de l'Assomption, se joindre à la procession du village et suivre le curé de Fargues-de-Langon de leur pas de carillonneur.

Elles montaient vers la statue de la Vierge, comme on va aux anges. Elles avançaient sous les bannières, respiraient l'encens à larges nasades, le visage nimbé de candeur mais les reins solides et les voix des fidèles, mêlant leurs chants aux accents bien timbrés des deux sœurs, donnaient à la cérémonie un grand courant de piété.

Lorsque débuta le cantique bien connu de l'Ave Maria, elles commencèrent à péter en mesure. Elles donnaient à leurs vents un tempo d'accompagnement assez voisin de celui de la grosse caisse, elles soufflaient en cadence et enflaient les tempêtes de leurs déchirures intimes avec un si ferme recueillement qu'il ne faisait qu'accuser la solennité requise par la liturgie.

Imagine un peu :

Ave !... Ave !...
Proutt ! Proutt !
Ave Maria-a-a-a !...
Ave !...
Proutt ! Proutt !
Ave !...
Proutt, Proutt !
Ave Mari-i-i-i-a !...

C'était miraculeux ! Il ne se trouva personne pour se plaindre du phénomène. Et tandis que nous passions sous la rosace, tous caressés par les rayons d'un soleil pâle, je me fis la réflexion que notre curé Boniface aimait assez la Vierge pour ne pas se plaindre que la procession ait eu le pas lourd pourvu que la phrase latine restât bien cadencée. Je voyais juste ! À ce train-là, la légende des deux sœurs court si vite ici qu'elle fait déjà les bœufs gras des communes avoisinantes. Il y a même fort à parier que, dimanche prochain, leur présence va relancer l'affluence à l'église et le bon curé, masquant son opportunisme derrière ses grands soixante-quinze ans, s'est engagé à rester sourd aux plaintes... comme aux pets.

La semaine dernière, je n'ai pas résisté à mes instincts d'oiseau migrateur. Obéissant aux injonctions de ta cousine Louise, de Mérignac j'ai donc voulu savoir où en était la Ville et j'ai fait un saut jusqu'à notre capitale.

Quatre années ont suffi pour reléguer le Bordeaux de la Belle Époque dans un passé englouti !

Une invasion foudroyante de modernisme a submergé trottoirs et chaussées. Venus du front, des permissionnaires portent beau dans leurs tenues bleu horizon. Quelques officiers qui arborent leurs décorations sont applaudis à la terrasse des brasseries. Les Chartrons fourmillent de charrois, la rue Sainte-Catherine s'engorge à la sortie des magasins.

La place du Grand-Théâtre où nous allions parfois elle aussi a bien changé ! Adieu le piéton roi ! Le long règne du cheval prend fin même si les placides canassons des vendeurs de glace en gros continuent à côtoyer les élégants coursiers des voitures de livraison. L'auto s'empare de l'espace. Autos de toutes formes et de toutes dimensions, depuis la longue Hispano-Suiza, symbole de réussite, jusqu'aux minuscules Peugeot et Citroën qui trouvent le moyen de caser un troisième passager dans le trou du « spider ».

Au-delà des Boulevards, du côté du Parc Bordelais, de riches demeures surgissent. Le centre voit fleurir des cafés, des boutiques, des cinémas, des halls d'exposition d'automobiles et surtout des grands magasins.

Je suis allée au cinéma avec mon chaperon. Nous avons applaudi Pearl White dans les Mystères de New York. *Et en sortant, Louise voulait à toute force profiter d'une seconde séance à prix réduits ! Dans la salle voisine Fatty, Zigotto et Picratt déclenchaient des rires énormes.*

Confession pour finir ! Je n'ai pas résisté à la tentation de m'acheter un ravissant costume tailleur à veste simple et courte. Jupe droite, raccourcie. Aussi un corsage dont l'encolure très « décollée » devrait te séduire puisqu'elle ne touche ni le cou, ni les épaules.

Elle ne les couvre pas, elle les encadre !

Tu vas me trouver bien frivole de t'entretenir de ces petits riens qui témoignent d'une vie insouciante et tel que je te connais, tu vas pester contre la façon dont les « poupées » parisiennes ou bordelaises se sont adaptées à la guerre. Mais ce que tu n'imagines pas, ce que tu ne peux pas imaginer, c'est la véritable révolution qui est en cours.

Si les femmes s'étaient bornées au rôle de marraine de guerre ou d'infirmière, on n'aurait su parler de révolution. Mais, dans presque tous les domaines, elles ont remplacé les hommes. Receveuses dans les tramways, poinçonneuses dans le métro, elles portent fièrement le calot. Elles envahissent les bureaux, les administrations, elles entrent dans les usines pour tourner les obus. Dès lors, tu penses bien, surannés les colifichets, les métrages de tissus et de dentelles ! Envolés les chapeaux monumentaux ! Plus de falbalas, de tournures ou de guimpes ! Plus de manches à gigot ni de jupons superposés ! La femme, TA femme, a désormais des gestes plus libres, plus décidés. Et dans sa petite tête, des idées plus nettes...

À la lecture de cette dernière page, Charpaillez étouffe un rire de fiel. La petite Montech a du jus ! Le mariage, trop récent pour être scellé par la tendresse, ne lui paraît pas fait pour résister à l'éloignement prolongé. Il lève la tête et s'apprête à prendre à partie Raoul Montech pour le railler.

Quand il perçoit le sérieux de son camarade, lorsqu'il lit le tumulte sur son front, il n'a pas le cœur de saigner le lapin...

Montech est en train de rédiger sa lettre.

26.

Lettre de Raoul Montech à Pauline.

Chemin des Dames, 16 avril 1917.

Ma chère femme, ma douce image,

À l'heure où je t'écris, la boue me paralyse au fond d'une tranchée, m'agrippe de sa poigne sèche et m'emprisonne jusqu'à la taille. À ma gauche, le dos énorme d'un camarade qui fume en silence me cache l'extrémité du boyau. Je tiens mon crayon dans une main gluante de boue et de sang poissé et l'ennemi s'apprête à nous clouer au sol sous un bombardement qui laissera derrière lui un immense charnier.

Par cet avant-propos, je ne cherche pas à te faire partager mes heures grises, mais souviens-toi, dans mon dernier courrier, je te faisais déjà part de mon désarroi qui va en empirant...

Tes lettres, ma Pauline, se sont espacées depuis le début de l'année. Admets-le. Il est des signes qui ne trompent pas ! Ta belle écriture bleue ne se précipite plus aussi souvent au-devant de ton naufragé ! Chère Pauline, lorsque tu m'écris, tu pourrais remplir toute la page, ne pas laisser de marge et me parler sur toute la ligne ! Et tiens ! même si le ton de tes billets se veut ras-

surant et léger, je ressens, à leur lecture, la douloureuse impression qu'ils te sont davantage inspirés par le devoir que par l'envie formidable de nous retrouver – tremblants enfants – émus et disponibles au rendez-vous de nos confidences.

Tu t'en doutes, j'ai bien souvent remué dans ma tête les raisons d'un détachement progressif que vient bien mal masquer le jeu subtil d'un marivaudage de circonstance, d'une malicieuse gymnastique des mots à laquelle tu excelles, j'en conviens, mais qui dénote entre nous un malaise grandissant.

Allons ! Jolie damoiselle d'Estalens ! Quel mauvais glas a tinté sur nos si jolies relations ? Où est la raison de la demi-teinte ? Pourquoi ta voix confiante de l'enjouement n'est-elle plus aussi ferme ? Faut-il accuser l'éloignement ? Faut-il incriminer cette insatiable guerre ? La monotonie des mois ? Le poids des tâches journalières ?

Château Mourasse, que j'ai remis entre tes mains, est-il un domaine trop lourd à gérer ?

Il est vrai que depuis les dernières vendanges, Tauziade, notre vieux maître de chais, a plié sa chemise et que son fils, Charles, a été mobilisé. Je ne doute pas que le départ de ce dernier (qui prenait à merveille le chemin de son père et l'aurait sans doute surpassé à la fin) t'ait causé de sérieux problèmes. Mais tu m'as écrit en janvier pour m'annoncer son remplacement. Tu m'as vanté toi-même les qualités du nouveau venu. Après tout, d'après tes renseignements, ce Raymond Pujasse que tu envisageais d'engager avait cousu ses galons d'œnologue au Château Rieussec, à un jet de salive de chez nous. Il s'était collé le nez dans le Botrytis cinera depuis sa plus tendre enfance. Voilà qui asseyait assez son mérite ! Et je t'ai tout de suite donné raison de vouloir passer outre les avis discordants de certains de nos amis et de le mettre sans plus tarder aux commandes de nos chais.

Nos voisins de Rieussec ont une réputation d'exigence. Et, comme toi, j'ai pris pour certitude que ce Raymond serait l'homme de la situation pour veiller sur les cuvées d'une propriété qui, somme toute, jouxte le terroir où il opérait auparavant. Depuis qu'il est entré en fonctions, tu ne me souffles plus un mot de lui ! Quelle piste dois-je lire dans ce silence ? Dois-je en tirer une inquiétude supplémentaire ? L'homme fait-il son travail comme tu l'espérais ? Te donne-t-il les services que tu attendais de sa compétence ou bien a-t-il trahi ta confiance et, simple coq de village, a-t-il fait trois petits tours pour séduire la châtelaine avant de se dissoudre dans les brouillards matinaux du Ciron ? Tu vois, j'ai pensé à tout ! Même au plus incroyable. Même à la trahison la plus indigne. Tu vas pousser de hauts cris ! Trouver que je fais bien peu de cas de l'estime que tu mérites, que j'exagère et que la folie où je suis me conduit aux supputations les plus basses. Il est vrai que nous avons passé de terribles semaines. La réalité de notre quotidien dépasse toutes les imaginations. Tu sais, ma chère femme, nous ne sommes plus que des spectres sans joie !

À l'heure lugubre d'un jour où je ne suis pas sûr que ma vie aura une suite, et même si ce n'est plus une question de cœur ou de pensée qui te motive pour m'écrire, même si je suis supplanté dans ton amour par quelqu'un de plus jeune, de plus présent, de plus incarné, permets que je persiste, depuis le linceul de terre où je me tiens, à défendre la foi que je t'ai vouée. Permets que je me batte pour conserver notre amour, permets que je feigne d'ignorer le peu de chances que j'ai de te revoir et que je mise sur un dialogue sincère entre mari et femme pour atténuer la sensation d'échec que nous ressentons tous depuis trois longues années que nous traînons dans les tranchées entre vie, mort et oubli.

Mon pauvre ange, tu sais, le temps n'est plus aux mensonges dorés ! Quand on est comme je le suis au cœur d'un marasme interminable, quand on se retrouve en pleine bataille, il n'est plus de mise de comptabiliser les souffrances physiques ni les longues nuits sans dormir. Il n'est plus temps de geindre, de regretter les mains brûlantes, les baisers gourmands, les rires revigorants comme des élixirs de vie. À l'heure cruciale où je n'ai plus la force de respirer le parfum de tes lettres religieusement conservées au fond de mon paquetage, il n'est plus de mon ressort de me déguiser en mari jaloux. Pourtant, on dit qu'à l'arrière, chez les civils, Satan conduit le bal et qu'il donne le tempo à des rêves de luxure. Les fredaines ne se comptent plus. Tu sais, belle, je n'ai pas le sang d'un héros, j'ai même le frisson quand la mort me frôle, mais, retranché des braises de la vie, privé de tes billets qui me soufflaient des pensées chaudes, des caresses émancipées et des mots tendres – je me sens, comme tous mes camarades de combat, oublié du bonheur général qui se met en place dans une société en pleine évolution. C'est dit ! C'est homologué dans les familles ! Nous serons les simples, les naïfs cocus de l'Histoire ! Les mal-aimés de la nation ! Un prolétariat de la riflette, seulement bon pour le casse-pipe.

Je nous regarde, je lève les yeux sur mes frères de misère ! Nous sommes terrés, allongés dans les boyaux, pauvres loques boueuses et grelottantes partageant une âcre odeur de pourriture. Nous marchons sur les cadavres. Nos vies sont brisées. Nos âmes, nos cœurs, ne font qu'un. Nos pensées sont les mêmes et, en bonne logique, c'est avec eux seulement que je veux partager l'idée sans regrets et sans tristesse de la mort probable.

Ma très chère Bien-Aimée, même si ton corps, lourd d'un désir battant, t'a conduit dans les bras d'un autre homme, regagne ta place ! Je ne te dégage pas de la parole que tu m'as donnée au jour de notre mariage. À toi, petite femme de chair, dont les baisers me donnaient de l'esprit et dont la grâce m'inspirait tant pour entreprendre et produire mon meilleur vin, je veux parler une fois encore. Je veux mordre ta bouche. Je veux boire un dernier baiser à tes lèvres, mon aimée ! En harmonie

avec ton esprit, avant d'aborder une nuit qui pourrait bien sceller mon destin et celui de mes camarades, tolère et pardonne à celui qui a voulu humblement te parler de son amour.

Ton mari jusqu'au bout de sa dernière pensée,

Raoul.

27.

Ramier dormait si bien !

Peu à peu, contre sa volonté, il lui semblait qu'il remontait d'un trou d'eau creuse et que, simple noyé dans un fleuve en crue, il tourbillonnait dans un remous d'eau sale qui lui faisait quitter le grand fond et l'obligeait à revenir à la surface du monde ensoleillé.

Ramier avait ouvert un œil.

Une poigne terrible venait de secouer l'ouvrier par l'encolure. Il avait la paupière lourde de sommeil et le regard vitré.

Il s'efforçait d'accommoder sur Korodine qui l'avait remué sans ménagement. Lui, dans son grand état d'apaisement, de narcose, il se serait volontiers laissé repartir. Il aurait quitté les vivants sans tapage.

Il ouvrait la bouche pour parler mais il se sentait trop paresseux pour le faire. D'ailleurs, un filet de salive avait cousu ses deux lèvres. Il était sur le point de se laisser glisser à nouveau dans l'ensablure verte et glauque, lisse et épaisse du fleuve souterrain.

Korodine lui colla deux gifles.

— Debout !

Visage suffoqué, le petit noyé se débattait. Les yeux

mi-clos, il refusait d'affronter la réalité insipide de l'existence.

— Allons, mon vieux, quoi ! le houspillait Korodine. Tu vas pas rester là !

— Un peu de respect, brutasse ! Tu frappes un prolétaire ! Tu lèves la main sur le peuple ! Tu achèves un presque mort qui a cent ans de sommeil à rattraper !

— Ne te laisse pas aller, limace ! Demande-toi plutôt c' que tu fous dans ce compotier de merde !

Paupières refermées, Ramier souriait aux anges.

Un moment, il sembla jongler avec une idée forte, finit par rouvrir tout grands d'innocents yeux bleus et hocha la tête avec un air de circonstance attristée :

— Franchement, Malno, saleté de Russe, crois-tu que si je ne t'avais pas vu trimbaler ta viande devant toutes les bouches à feu du mont Sapin, je me s'rais dérouté jusqu'ici ?

— Ingrat ! Illettré ! C'est la meilleure ! Et moi ? Tu t'imagines que je suis sorti de la tranchée pour mon plaisir ?

— T'étais beurré notoire...

— Pour me donner du cœur au ventre !

— Pour étouffer ta trouille !

— Misérable poil du cul ! J' te cherchais, figure-toi !... Tout l' monde te cherchait ! Montech, les autres...

— Ça m'étonne qu'à moitié. Personne peut s' passer de ma pomme.

— Espèce de crotteux prétentieux ! Je ne sais pas si tu t' rends compte de la chance que tu as eue d'avoir des amis serviables !

D'un coup, le visage de Ramier s'était rallumé sauvage.

Une torche folle, énorme, brûlait dans ses yeux. Il laissait monter en lui une colère qui, au lieu de s'éteindre, prenait la force d'un contre-chant. Et alors que le Russe, plutôt zélé, essayait de le gruter sur ses pieds, lui enjoignait de parler moins fort, c'était pire que tout d'entendre jaboter le vilain coq bourguignon. L'enfant de salaud râlait rauque. Toujours aussi crêteux, aussi susceptible, il godillait du fion. Instable sur ses jambes, il repartait avec l'élan de ses protestations. Vilipendait le ruskoff. Avait bon caquet.

— Ah ! un petit peu ! il cocardait, c'est quéque chose ! Dis donc, cosaque ! Comme ça que tu me causes ? Comme ça qu'on récompense la camaraderie ?

Sa tête dodelinait, ses paupières étaient lourdes. Son pote avait beau le prendre par la manche, lui faire signe avec le doigt de fermer son clapet, c'était dalle. Il voulait pas suivre, il restait pas tranquille, il disait non, non, non, alors Korodine d'une poussée bourrue l'avait envoyé à deux pas plus loin pour mieux l'ajuster, il lui avait collé une beigne, un jeton avec le poing fermé dur comme une mailloche, le petit Bourguignon avait paru ébloui, captif d'un véritable instant de langueur, il avait secoué la tête, interloqué, il avait fini par plier sur ses jambons et le géant l'avait chargé sur ses épaules, tant pis, comme un quartier de bœuf, j' te ramène en l'état, Ducon, l'essentiel maintenant c'est qu' tu rentres !

28.

Blotti entre deux sacs de sable, Capdebosc gardait un œil sur la dégoulinante que lui avait offerte son père. Au dos du boîtier, un paysan et ses bœufs étaient gravés. Ils arpentaient un labour à pas lents. Quarante-cinq minutes s'étaient écoulées depuis l'annonce du bombardement et la bête faramine, le dragon aux mille moustaches de feu faisait toujours mine de dormir.

Pas un bruit sur la position.

L'attente paraissait interminable. Les hommes les plus proches de l'ouverture des grottes gardaient la tête levée vers le ciel. C'était à celui qui apercevrait le premier la raie lumineuse de la première torpille qui s'élèverait comme une étoile filante en laissant des particules de feu derrière elle avant de retomber dans un vrombissement d'air annonciateur de la proximité de sa chute.

Pour d'autres, au contraire, c'était le temps de la résignation.

C'était le moment des fétiches et des gris-gris. La croix du petit Jésus, le rosaire de communiant reprenaient du service. Le morceau de bois sculpté ressortait des poches. Lecture en plein marc. Il y en avait un qui épluchait son horoscope dans *L'Excelsior* du mois de janvier.

— Et toi, Capdebosc ? À quoi tu penses à cette heure ?

Celui qui venait de poser la question était un petit malin du macadam parisien, un spécialiste des blagues avant les coups durs. Un griveton qui faisait rire ses potes avant l'averse. Il s'appelait Jean-Marie Bujaleuf, il avait une grande bouche rigolarde, un pif en portemanteau et la réputation de jouer aux courses. Comme par enchantement, tout le monde s'était tu et l'écoutait.

En proie à une mélancolie pensive, Capdebosc avait posé ses yeux injectés sur l'amuseur. Sans lui répondre directement, il avait ensuite reporté son attention sur ses camarades les plus proches.

— Je me disais qu'on ne peut pas tous mourir, les petits gars, dit-il soudain. Vous verrez, même si les boches attaquent par paquets de six obus, certains d'entre nous en réchapperont. Il faut bien qu'il reste des jeunes gens dans la France de demain !

Montech avait relevé la tête de son courrier, rangé sa bafouille, son crayon, dans sa poche de vareuse.

— Où les prendras-tu, Capdebosc ? demanda-t-il.

Hanté par des pensées funestes, il avait dressé lentement sa haute stature voûtée et, campé sur ses molletières boueuses, il avait demandé d'une voix âpre et poignante :

— Pourquoi risquer sa vie ? Pour se donner une crâne idée de l'homme ? Fichaise et escroquerie ! Regarde, Capdebosc ! regarde plutôt les fantômes de ta jeunesse ! Il désignait ses compagnons. Il enjambait les hommes cloués au sol par la fatigue et le renoncement. Vise ! Vise un peu ! Le visage sec comme du bois, il avait des allures de guide de catacombes, il disait, il répétait, regarde, regarde sergent, la guerre a usé nos corps ! Nos bras sont lourds et nos pattes plient mal. Nous ne savons plus rien faire. Regarde-toi ! Tu as l'air d'avoir cent ans ! Regarde-nous ! Nous vivons une fois de plus un moment où la vie n'est plus rien ! Où l'on oublie tout ce qu'on a aimé. Où le visage d'un mort n'est plus que la promesse d'une paix égale à l'égarement qui plombe nos cervelles, vides de tout projet !

Et ruminant sa prochaine charge, les tempes battantes, le propriétaire de Château Mourasse, quarante bons hectares de sauternes, premier grand cru en bordure de Fargues-de-Langon, prenait à témoin l'assemblée des morts-vivants en habits déchirés :

— Allez, allez ! Pas d'illusions ! Tout est brossé, mes pauvres *drolles* ! La messe est dite ! Au mieux, à nous tous, on fera un beau cimetière !

— Tu sors de tes gonds, Montech ! C'est un appel à la sédition ! Je te somme de te taire !

— C'est le prix de la vérité, sergent ! Et tu la connais mieux que quiconque !

Acceptation ou résignation, Capdebosc avait baissé la tête. Ses yeux avaient furtivement croisés ceux de Charpaillez.

Par dérision, la main gauche dans le rang, le caporal Montech avait entrepris de saluer réglementairement un imaginaire cimetière militaire. Quelques secondes immobile devant chaque tombe il égrenait comme une litanie le nom des futurs héros...

— Chemin des Dames, 16 avril 1917... Capdebosc Théophile, mort au champ d'Honneur !... Montech Raoul, mort pour la France !... Boris Malinowitch Korodine, repos éternel !... De Tincry Arnaud, sacrifice admirable... mort en service commandé !...

Un pas, un autre, toujours saluant, Montech visitait les hommes. Il passait devant eux. Les rejoignait par le regard, faute de pouvoir les approcher.

— ... Maupetit Guy, Antoine, Joseph, courage exceptionnel !... mort pour la France ! Favard Jules, Étienne, héroïque défenseur !... mort au champ d'Honneur ! Qui d'autre est candidat pour la terre à gazon ? Qui en veut un peu ? Qui veut une part de l'inusable édredon ? Toi, Charpaillez ? Toi, Chevillard ? Toi, Mercier ? Toi, l'ancien dont je ne connais même pas le nom ? Un trou pour chaque mort ! Une croix blanche pour chaque dépouille !! On verra ! Le grand sommeil est d'un confort admirable.

Le môme Bujaleuf aurait bien voulu reprendre le devant de la scène. Il se moucha bruyamment dans ses doigts et pour faire son faraud :

— À ce train-là, moi, tout le contraire, je me porte volontaire pour vivre, sergent ! Vous avez un tuyau à me donner ?

Le visage de Capdebosc avait pris l'épaisseur du cuir.

— Pas plus qu'aux autres. Prends ton ticket au pesage, Bujaleuf.

— Terrain collant, chef ! J'ai pas envie de faire courir ma bidoche dans vot' saloperie de course de réclamés ! Et je crois bien que je suis pas le seul...

Le moment était délicat pour Capdebosc. Il risquait de remettre en cause son autorité. Les épaules remontées, comme pour résister à l'écrasement, il gardait un masque illisible :

— Il faut vous résigner, les gars, au champ de bataille, on ne marchande pas sa vie ou sa mort.

Et le temps d'un profond soupir :

— J'espère que ceux qui aujourd'hui auront moins de chance que les autres seront reconnus pour avoir donné le meilleur d'eux-mêmes à la France. J'espère que leurs familles ne regretteront pas leur sacrifice. Pour le reste... pas de favoris à la corbeille... Bleusaille ou *pépères*, nous sommes tous égaux sous les balles.

— Alors, essepliquez-moi, sergent, s'énerva Bujaleuf, pourquoi la pension d'une veuve de général vaut 5 250 francs ? Et je veux savoir les choses jusqu'au bout !...

dites-moi donc par quel coup de vice celle d'un griveton dans mon genre est bradée pour 800 balles ?

— Tu fais chier avec ton jaspin, Bujaleuf ! maugréa le serpète. Je suis pas ta marraine !

— Ah mais quand même, ça c'est des paroles pratiques, sergent ! rebondit le parigot. Est-ce que par hasard je pèterais moins fort qu'un général à deux étoiles ?

Il avait rudement bien envoyé la vaisselle, l'habitué des paddocks. Cette fois-ci, les rieurs étaient dans son camp.

— C'est toi qui finis par nous échauffer, Capdebosc ! intervint Montech. Un grand feu s'était allumé dans sa cervelle, il venait de resurgir du coin sombre où il était resté prostré. Dos appuyé à la roche, il fixait le sergent avec une sorte de détermination frémissante qui faisait trembler ses lèvres. Aveuglé de colère impuissante, il prenait plus de gants, il s'adressait à toute l'escouade, il disait qu'il en avait assez, plein les burettes, il disait cette guerre, putain, cette guerre, c'est juste un assassinat ! Tout va à la déconne ! Tout bascule ! Tout est falsifié ! C'est de la folie, y a plus de limites ! Et tutoyant Capdebosc pour la première fois, je te le demande, espèce de pomme, Théo, au nom de quoi il devrait s' faire buter le petit soldat des batailles ?

— T' as raison, Sauternes ! Au nom de quoi celui qu'a vu la mort de près ne pourrait plus penser qu'à la vie ? s'écria une voix qui s'en mêlait. Une voix connue. Une voix de gouaille. Une voix amie.

Montech s'était dressé dans ses plumes. Tout réchauffé d'un bloc. Content comme jamais vu. Déjà, il ouvrait ses bras avec un sourire affamé :

— Ramier ! C'est pas du rêve ! C'est toi ! C'est toi, mon joli p'tit ouvrier !

— Moi et mes puces, mon grand clairon ! J'ai sucé les

asticots et recraché la terre, mais je ramène tout ce que ma mère m'avait confié !

— Ah, ça... mais montre voir ! t'as l'œil violet, t'as pris un chtar, j' serais tenté d'y voir des sévices... un vrai cocard...

— Juste une bricole ! Le ruskoff qui m'a mis une manchette de camaraderie. Y perd pas pour attendre ! dit sobrement l'Auxerrois.

Korodine justement venait de se montrer. Tincry également avait surgi de derrière les épaules du rescapé.

Et Arnaud s'adressant à Montech :

— Tu sais où Malno l'a trouvé ?

Montech n'en avait pas la moindre idée.

— Sur une civière ! mentit Korodine. Monsieur se faisait porter par deux brancardiers.

— Pardi ! abonda Ramier, comme j'avais été presque zigouillé le matin, je me dorais la pipette sur baldaquin en attendant de vous retrouver !

— Ça va, les lustucrus ! Maintenant que votre copain est revenu, si l'un d'entre vous recule de vingt centimètres, je le fais fusiller, avertit Capdebosc.

Il avait sorti son gros revolver d'ordonnance de sa gaine. La fièvre s'était emparée de lui. Ses oreilles brûlaient. Ses prunelles grises fouillaient l'espace comme l'acier d'une paire de ciseaux.

Les paupières rouges prises par un mauvais tic d'énervement, avec la pensée terrible qu'il pourrait avoir à se servir de son arme, il sondait les consciences.

Pas un grincement. Pas un murmure. Motus !

Ça ne mouftait pas les hommes, sous Capdebosc.

Quatrième couplet

LES ÉCRABOUSÉS

29.

À peine les quatre amis avaient-ils pris place dans une des *creutes* dégagée de ses morts que le bombardement les avait surpris.

C'était un bombardement qui promettait d'avoir du souffle. Il débutait lent. Très lent. Tapi à l'horizon comme un fauve mal éveillé, il montrait d'abord la denture de sa lumière crépitante. Un obus toutes les quatre ou cinq minutes. De temps en temps, cymbales ! La terre s'ouvrait. Le sournois promettait un mal de fer chaud. Il aurait aussi du coffre. Il avait l'air de venir de tous les coins du ciel.

Une première fois, ce tir à tâtons s'était arrêté. Puis, après une seconde volée de gros bourdons, une seconde trêve avait eu lieu et un avion boche avait survolé la colline. Un biplan Aviatik, envoyé pour espionner les positions et faciliter les réglages des artilleurs.

Ensuite, les brisures venues des lisières de la terre grise avaient repris leur boum. Les « gros noirs » en se fragmentant recommençaient à postillonner leurs dragées de métal. Fantastique concert à un rythme endiablé. Le *brutal* déchirait l'air, larguait ses gros brûlots de matières explosives. Son rythme indiquait la pensée de l'ennemi.

— Ça y est, Guillaume se fâche !

— *Kaiserkopf* baisse son froc !

— Les prochains pruneaux seront pour nous !

Au fond des abris, des observatoires, des tranchées profondes et des crevasses de calcaire, le temps était long à vivre. Un raz de marée de projectiles, une vague d'acier tournoyant, une crinière de fumées jaunes ourlées d'un éclat pourpre et chaud hors des limites de la raison, s'avançait. Envahissait par bonds successifs toute la ligne des refuges. Torrent de percussions rugissantes, il faisait boule et renversait tout sur son passage, passait galopissimo, animal fou, incontrôlable cavale, typhon rugissant et aveugle qui mordait dans le gras des hommes abrutis par l'archi vacarme de la poudre. Les hurlements sinistres des blessés se mêlaient aux cris de rage des survivants. Brûlures, fumées âcres, tourbillons de soufre, crachures de poivre et tombereaux de suie ! Tout feu ! Tout flamme ! L'air crépitait. La terre s'éboulait. D'énormes creux. Des fontaines de brandons enflammés cascadaient sur fond de ciel noir. Des éclairs partout. Des cris à vous donner la chair de poule. Parfois, un obus tombait de plein fouet sur une cache. L'acier tordu soulevait la trame calcinée de l'abri et pulvérisait la roche et les hommes en charpies obscures, tachées de pigments de feu. À croire que, les yeux hallucinés par la bière, le grand Guillaume, le Kaiser aux foudres, avait fini par pousser sa bramante dans les états-majors prussiens ! Rameuter ses généraux ! Écrasez-moi c' troupeau, je veux surtout voir des miettes, que ça chavire et que ça torche ! Partout, grande broyade et coups de bélier. Qu'on raplatisse, qu'on bombe, qu'on grenade ! Et après un bon buttage d'obus, tous les pioupious au valse-chaussettes ! À la baïonnette ! Au pancrace à bras-le-corps ! Mettez-moi cet ouvrage en branle ! Sciez-moi tout ça ! Un coup de schnaps chez les fritz, un bidon de ginglard chez les françouses ! Qu'on passe à la déchaînée abominable ! Et hop, aux échelles ! Sautez par-dessus !

Envoyez la fantassaille ! Courez, petits ! À l'étripe ! Au grand nettoyage ! Grenades, queues de rat, frou-frous, tortues, pétards ! La fridole va déferler. Les uhlans, les jägers, la Bavière. Debout les morts ! À vous, les petits chasseurs ! Marchez jeunesse ! Baïonnettes *hon* ! Sortez les *rosalies* ! Bouille contre bouille ! Bide à bide ! Plein les babines ! Au Sénégal ! À l'embrochage ! À la lame ! Au couteau ! Plein ventre, en avant ! Plantez, tournez, sortez ! À l'embrochage intégral ! À la gloire naturelle et militaire !

On risquait pas d'en réchapper.

30.

Les 210 s'étaient mis à péter tout autour de l'anfractuosité où se terraient les quatre amis. À droite, à gauche, devant, derrière, partout. Illuminations. Échos assourdissants. Vilain boulot. Vrai pilonnage. Un barouf abominable.

Grandes orgues ! À l'extérieur, les arrivées d'obus se succédaient sans discontinuer. Ça vous envoyait des gerbes de boue à des vingt mètres de hauteur qui retombaient par l'ouverture de la grotte. Les occupants en étaient babas. Gravés dans la craie, ils attendaient sans bouger. Ils étaient lentement enterrés dans la vase comme des crapauds. La jambe droite de Korodine avait dérapé et s'était enfoncée jusqu'à mi-cuisse dans un trou d'eau. Mince de position ! Le peintre avait gueulé quelque chose à destination de Ramier qui était son plus proche voisin.

— T' as pas l' choix d' la villégiature ! avait rétorqué l'ouvrier. Il était pas sûr que c'était la bonne réponse à faire mais de toutes façons, on ne s'entendait pas.

Grosses voix. Tourbillons de fumées. Salves bondissantes. Les canons envoyaient la braise. Déchiraient à l'étincelle. Les pélots éclataient les souches. Ouvraient la terre. Wraoum, wraoum ! Déflagraient. Renversaient. Soufflaient. Vidaient. Épluchaient les hommes. Sifflaient. Écorchaient du viscère. Pagaillaient dans les ruines.

— On est cuits !

— Cette fois, c'est la bonne !

Quelque part l'outil à écraser, le presse-purée était en branle. Ça riffaudait tous azimuts ! Ça bidochait sanglant ! Jamais on n'aurait cru qu'on allait retrinquer aussi fort. Empilés dans leurs trous, les poilus finissaient par ressembler à une ligne de canards. Le soleil de fin d'après-midi réchauffait le jus. Et le cuistot allemand allait les déguster au sang.

*

* *

Et puis, comme par enchantement, la voix grave des Howitzer de 305 s'était tue. Signe que von Boehm allait pas tarder à faire jouer la symphonie tactique des 107, mettre en service ses cuivres à longues embouchures et donner la plénitude de son grand orchestre à percussion.

Pour le moment, abrutis par le vacarme, sourdingues, cent, cent cinquante hommes dispersés dans les caches se dévisageaient sans rien dire. Terrés ici ou là, ils cherchaient la vérité du moment. Le regard halluciné, ils se dépliaient doucement au milieu des imprécations, des raclements de gorge. Cent cinquante zombies aux grosses mains rouges, aux ongles noirs, à la face empaquetée de boue, sous les yeux desquels se déroulait l'inacceptable.

Autour de chaque abri, des camarades moins chanceux qu'eux sortaient des trous glacés d'où montaient des râles, des soupirs. Certains étaient blessés et geignaient. D'autres, la pensée vacillante et confuse, erraient devant eux, le tympan crevé. Leurs prunelles s'agrandissaient sur le cauchemar que leur proposait la colline. Dans une sorte de délire, des silhouettes estompées par les fumées rampantes se hélaient et criaient le nom des morts. À un jet de salive d'où se trouvait Capdebosc, le corps allongé de Bujaleuf faisait le pont sur un barbelé, arqué sous la charge nauséabonde d'un débris humain sans tête ni membres.

31.

Profitant de l'accalmie, pour témoigner qu'il n'avait même plus peur d'avoir peur, Hourlier, un gus avec une bouille carrée et une raie sur le côté, un nerveux qui vendait des bécanes « Hirondelle » du côté de Saint-Étienne et faisait coureur cycliste dans les critériums de province, avait fait une sortie. Quittant l'entrée de la casemate où il avait trouvé refuge, il avait commencé par uriner gravement. Puis, au mépris des appels du sergent qui lui enjoignait de revenir, il s'était engagé dans un boyau retourné dont le tracé chaotique débouchait vers un ancien parapet.

Se guidant à l'estime sur la crête, le fugueur jouait des coudes. Rampait farouche. À vingt-huit piges, le cycliste en avait encore dans les moltegommes. Faut dire qu'en 1910, il avait gagné le *Prix de Mai* à Berlin, la *Roue d'or de Paris* en 1913 et que, sur sa lancée, il avait malmené tous ses concurrents dans le *Grand Prix de Paris*.

D'où il était, Capdebosc aperçut un moment l'arrondi, la bosse de sa musette, puis le champion disparut à sa vue. Il était suivi comme son ombre par la silhouette aplatie de Lemoine, un territorial égaré chez les chasseurs, un vieux de cinquante ans qui s'était fait adopter par le cycliste au prétexte que ce dernier ressemblait vaguement à son fils.

Les deux hommes s'étaient avancés jusqu'à un créneau dans l'intention de renifler le terrain. Avant de s'encadrer dans la meurtrière, ils avaient pris soin de faire retomber derrière eux le sac de jute vide qui formait un voile à l'arrière de leurs têtes, de telle sorte que pour les boches d'en face, rien n'avait changé dans la couleur de la muraille.

La meurtrière se présentait sous la forme d'une mince fente entre deux sacs de terre placés de travers exprès, afin que l'ouverture semble un effet du hasard. Au-delà de l'ouvrage, se détachaient des pieux, des ferrailles rouillées, des rouleaux de barbelés tourneboulés dans tous les sens, quelques cadavres aux corps disloqués et, en avant de cette zone barrée de chicanes renversées, s'étendait une sorte de glacis nauséabond fait d'une matière glaviotante et fraîchement retournée.

— C'est par là qu'ils viendront ! pronostiqua le cycliste à mi-voix en désignant une croupe de terrain. Pourvu que ce soit des jeunots inexpérimentés et qu'on leur foute sur la gueule !

Lemoine, moustache poivre et sel, d'entendre déconner le môme, ça l'avait rendu fou :

— Mentalité déshonorante, fils ! il avait éclaté, ce qu'il y a un âge pour se faire bigorner ?

— T' as raison, *pépère.* Qu'on commence plutôt par les vieux, ça sera plus régulier !

Dans son uniforme en loques, avec ses poils gris et son arthrose naissante, Lemoine en avait pris plein la pêche.

— Pauv' croquant ! il s'était cabré, avec la guerre qu'on a devant nous, on peut pas faire de préférences ! Les jeunes, les vioques, tout l' monde est dans l' même bain !

Tout de même, qu'on s'en soit pris à l'âge, ça l'avait secoué, l'ancien.

À côté de lui, l'as du sprint et des cale-pieds faisait rien pour que la gêne passe. Il restait comme ça là, posé sur le ventre. Il se marrait, les épaules soulevées par petites toussades, il débloquait paisible. Il avait l'air un peu louf. Possible même qu'il ait été commotionné par un obus. De temps à autre, ça se sentait bien sur son visage de pierrot marbré de boue, il lui prenait des coups d'absence.

— On n'est guère plus qu'une centaine à bouffer du canon, laissa-t-il tomber après un grand moment d'idiotie pure. Mais tu vas voir, se ranima-t-il l'instant d'après, se raccrochant à une idée riquiqui qui lui venait tout soudain, l'illuminait, quand les boches y vont venir pour nous piquer la rate, on va pousser de tels cris qu'ils sauront plus où s' mettre ! Y foutront l' camp par tous les bouts !

— Ras la musette de ton discours ! s'indigna rageusement le vétéran, renversé par tant de déconnade humaine. J' crois qu'on f'rait mieux de rentrer chez nous !

D'un seul élan, les deux hommes venaient de faire volte-face pour réintégrer leur casemate.

Au milieu de la rampette de retour, Hourlier s'était arrêté, bloquant leur progression dans le boyau. Cette fois, il avait la gueule tragique. Des yeux noirs. Charbon partout. Louferie totale.

Avec la bouche de travers, avec une façon émouvante parce que révélatrice d'un besoin profond de parler, le jeunot s'était mis à déblatérer comme si ça lui sonnait dans la tête. Il disait, il disait, il écarquillait les yeux. Il disait :

— Arthur, t'as pas remarqué ? Les politiciens, les généraux sont pas pressés que ça se termine !

— Bon. Et alors ?

— Réfléchis ! Vu les progrès de la vacherie humaine,

y vont sûrement décider d'essayer tous les nouveaux matériels !

— Ça se pourrait bien.

— Ça veut dire qu'on en prend au moins pour sept ans !

Cette fois, Lemoine était devenu verdâtre. À son tour, il sonnait tous les grelots. Ça lui foutait les fusains cette manière assassine dont son cadet pressentait l'avenir.

— Malheur du bon Dieu ! s'exclama-t-il en fixant l'autre andouille, qu'est-ce que je mijote avec un connard de ton espèce ? Si je t'écoutais, avec tes boniments à la graisse de pédalier, on se foutrait sur la gueule jusqu'à l'horizon 24 ! Sais-tu quel âge je ferais, moi qui te cause ?

Hourlier en le reluquant avait branlé sa tronche rigolote.

— Ça, l'ancien !... j'y avais pas pensé ! Si la guerre nous mène jusqu'en 24, c'est vrai que t'auras bien du mal à écorcher encore l'anguille par la queue !

Lemoine en était tout secoué.

Ils avaient réintégré leur tanière. Lemoine paraissait muré en lui-même. Le gosse gardait un étrange sourire gravé sur la bouche.

Ils avaient joué rip chacun dans un coin de la grotte. Le vieux avait retrouvé sa paillasse immonde. Il renâclait de sombres pensées à propos de son amitié trahie. Le jeune, avec un glissement de bête fauve, avait gagné l'autre extrémité du réduit. Il avait posé ses yeux noirs sur son ancien. Les épaules affaissées, il semblait reprendre contact avec la réalité. Un incoercible frisson ondoyait tout au long de son échine amaigrie. Il avait fini par détacher ses yeux de ceux de Lemoine. Ils ne se parleraient plus jamais. Mais aussi ! à quoi ça ressemblait de discuter de choses si graves au fond d'un égout de champ de bataille ?

Dans le lointain, le canon nouveau accordait ses voix pour fêter leur retour. La terre tremblait à intervalles réguliers.

— Apprêtez-vous à souffrir, pronostiqua Montech du fond de sa niche, voilà les 107 qui démarrent.

Cinquième couplet

CROSSES EN L'AIR !

32.

Capdebosc se tenait toujours en faction au bord du goulet d'ouverture de la grotte. Il inspectait le ciel empli d'un étrange fluide électrique.

— Que reste-t-il à faire, sergent ? venait de lui souffler le petit Favard qui cherchait un début de quelque chose à quoi se raccrocher.

— Y reste qu'à se faire propre pour frapper à la porte du ciel, plaisanta Marjolin en court-circuitant la réponse du sergent.

Toujours l'affreux collait au train du petit jeune, le fixait par moments d'une manière intimidante. Froissait sa bouche sous son nez dans une mimique dont il avait le secret. Dévorait le gosse avec un sourire lubrique. Personne savait plus s'il en voulait à son dargeot ou à ses éconocroques.

Braoum, braoum ! Ça cognait, ça secouait, ça vibrait. Un géant invisible s'approchait de la grotte. Il progressait d'un pas lourd et faisait trembler la terre.

— La crosse en l'air, mouais ! voilà c' que j' dis ! s'était mis à brailler un grand type tendu comme un ressort. Rendre les armes séance tenante ! J' pense qu'à ça depuis tat' à l'heure !

Possédé par un grand influx psychotique, le lascar

avait soulevé son fusil dans les airs. C'était le fameux Chevillard, il avait la réputation de flancher souvent. Ça le prenait, il avait les nerfs au bout des doigts. Sans raison, il grognait rauque. Passait aux insultes. Il avait pas de famille, pas de provenance à proprement parler. On chuchotait qu'il avait été professeur de philosophie et de latin dans une boîte de dominicains. Il supportait pas le boucan. Une gueule pâle avec des dents longues, des binocles devant les yeux, il venait de se dresser d'un bloc. Il était perpétuellement en souffrance. Les nerfs. Il transportait une soupe noire dans sa tête. Un bastringue d'idées déglinguées. Arc-bouté, il s'était agrippé aux deux marches de terre qui accédaient à l'extérieur. Il avait bousculé le sergent sur son passage et, franchissant l'espace libre à quatre pattes, avait sauté à son tour en haut du parapet.

Pourtant les obus s'étaient remis à tomber dru, à cinquante mètres à peine, un peu plus loin, ils boumaient déjà sur des amis. On sentait à la cadence que les artilleurs d'en face « en mettaient ».

— Camarades ! Jetez vos fusils ! s'était mis à haranguer Chevillard. Il piétinait au milieu des brumes gluantes qui faisaient geysers autour de lui, sur deux trois mètres carrés. Il marchait, aller, retour, il arpionait la pente en se montant la bourriche, il se rendait bien compte qu'il n'y avait nulle part où aller, la suie lui poissait la gueule, ses gros yeux en boules roulaient dessous ses lunettes, il devenait vague dans la parole, malade dans les souffrances intérieures où le clouait son impuissance, le caca aux chausses si ça se trouve, il arpentait, prêt à se faire éclater la tronche par les fritz abominables, pendant ce temps-là, comme une colère montante, le roulement des obus se rapprochait de lui, ça éclatait, ça faisait bang, l'insensé ressautait sous l'effet d'une nouvelle gifle d'air, recevait des seaux de terre sur la gueule, s'extirpait du magma, réapparaissait – fou de vérité, les yeux blancs, la tirelire de travers – brûlé sur le côté de sa pèlerine par une langue de feu, il s'éteignait d'un geste interloqué, le tintamarre repartait, ça lui coupait le sifflet un moment, il se remettait en marche, il criait, on n'est pas d' la viande à canons ! Arrêtez les concetés ! On ne marche plus ! Mon cul f'rait mieux que les généraux ! C'est du sérieux ! On a trop encaissé ! il se frappait le sommet du casque avec désespoir. Écoutez-moi ! Sortez des abris ! La crosse en l'air ! Rendez les livrets ! L'homme n'a jamais eu qu'un seul tyran : lui-même !

Il avalait sa bouche, sa langue, la terre, sa morve de contrariété. Son nez de boxeur ajoutait à la violence de ses bramantes. Ses oreilles décollées étaient grises. Il était vraiment bien vilain. Sinoque pour ainsi dire.

— Attendez pas que je parte en l'air ! il a hurlé dans la tourmente. Sortez des trous, les bidasses ! Criez vive la paix ! Hissez le drapeau blanc ! La guerre est finie !

Ses yeux s'agrandissaient sur le cauchemar que lui proposait son imagination enflammée.

Incroyable ! Il paraissait maintenant insensible aux fantastiques lumières d'orage, aux déflagrations qui écorchaient le sol, faisaient valdingue autour de lui, il se surprenait à sourire au milieu de ses larmes.

— Tant de courage et tant d'assassinés ! il grommelait.

Sa voix, ses vociférations, faisaient écho aux cris des blessés.

Il aurait volontiers envisagé les poilus désertant la tuerie, la guerre s'arrêtant sous la double poussée humaine des combattants des deux camps.

— Pas de simagrées ! Pas de faux-semblants ! Que la vie l'emporte ! Plus forte que tout ! criait-il dans la tourmente, d'un geste fou, il balayait l'espace, débinez-vous dare-dare, les pioupious ! Dégringolez la pente !

Mais, à part le canon qui branguebadaboumait sur la campagne et ratiboisait les avant-postes, rien n'arrivait.

— Aux chiottes le commandement ! il a gueulé un grand coup. Aux gogs ! À la tinette, les marchands de canons ! Mort aux vaches !

Puis, le blasphémateur s'est arrêté. À bout de jus. Il en pouvait plus. Il avait tout dit. Tout craché.

Il a murmuré pour lui-même :

— Vous êtes vraiment pas couillus, les mecs !

Il a laissé ses yeux myopes errer sur le chaos alentour. La nausée tordait son estomac. Il a marmonné encore :

— Au moins, même si ça n'a pas marché, j'ai essayé de culbuter l'affreux truc !

Il fallait voir son air froid et méprisant quand le binoclard a fini son tour d'horizon. Rien, personne n'avait bougé. Personne n'était sorti.

Chevillard s'était avancé un peu dans la lumière.

— J' vois pas pourquoi je ferais mon gracieux pour une bande de cons ! il a fini par gueuler. J' vois pas pourquoi je me ferais crever la gamelle !

Il a réintégré la crevasse où tout le monde était planqué. Il marchait calmement. On aurait dit qu'il s'obligeait à respirer paisiblement.

Il regardait ses semblables avec l'air noyé de celui qui cherche un appui sur la berge. Personne osait le regarder. Il a jeté son flingot dans un coin. Il s'est laissé tomber par terre. Il se foutait pas mal où il avait atterri.

— Moi, j' sais que j' suis venu ici pour mourir, lui a chuchoté son voisin. J'y suis résigné.

— Eh ben dans ce cas tu peux être bien tranquille ! lui a répondu l'illuminé. Dans quelques instants, ça sera fait !

Il a retiré ses lunettes. Il a soufflé de la buée sur les verres. Il a commencé à essuyer ses carreaux pour y voir mieux. Il a dit qu'on n'avait plus qu'à préparer nos miches pour la grande dégustation. Un bal encore plus affreux allait commencer. Deux minutes au mieux avant la reprise des tirs d'obusiers de 240 qui allaient préparer le terrain aux troupes d'élite de l'ennemi.

— Bonne bourre ! qu'il a dit, Chevillard. Grand opéra ! La séance est ouverte.

33.

Guillaume II nous a raplatis jusqu'au soir.

À la nuit tombante, les aboiements des canons sur socles, les obus des Skoda, des Howitzer, se sont espacés. À croire que l'acier Krupp avait fini par chauffer aux tubulures ou que les artilleurs boches avaient mal aux bras à force de servir leurs pièces.

Le Kaiser des sombres hordes, des teutons, des pruscos, l'empereur des casques noirs, l'hydre au chaudron pointu retourné sur la tête, a fini par s'endormir derrière les collines.

Repu comme un buveur de bière, ivre de cliquetis et d'éventrations, badigeonné de sang, le maousse géant de fonte et d'acier a éructé encore quelques flamboiements de lumière traçante et crépitante en direction du front.

Plus fort que dix tempêtes, il n'arrivait pas à s'éteindre.

Il a pris une brassée d'éclairs à mains nues, les a jetées en l'air sans se brûler les sourcils, a propagé une dernière succession d'illuminations et d'échos retentissants pardessus les collines grises.

Ensuite, face à la campagne lointaine, le colosse a bu deux fois six bières. Il a claqué de la langue, il a pété dans son froc.

Puis, il est remonté sur son piédestal et il s'est assoupi.

Sixième couplet

CHACUN SA GUERRE

34.

Soldats, jolis soldats !

Bleusaille ! Biffins ! Engagés, rengagés, grivetons du rang, simples tambours, caporaux, bandes de mouches ! Les gars ! Mes petits pères ! Zouaves et z'amis ! Écoutez, écoutez ! Le silence des canons est auguste !

Écoutez-les refroidir !

Les canons attendent. Des milliers de canons ! Ils dorment, majestueux, attendent sous le dais des forêts et le couvert des bois le moment où la main de leurs servants viendra délivrer leurs profondes gueules muselées, bâillonnées, encapelées, et leurs gorges gainées.

*
* *

À douze kilomètres de là, les petits poilus du 60e chasseurs à pied profitent de l'accalmie pour évacuer leurs blessés sur le poste de secours qui se trouve dans une grotte plus spacieuse que les autres. L'infirmier Boutru y officie en grand tablier blanc, trempé de rouge.

Malno et Tincry se sont portés volontaires pour l'assister dans sa tâche harassante. Ils ont accompli une trentaine de voyages pour aller chercher des camarades enlisés dans la mélasse.

Un blessé, c'est lourd. Un clampin, quand c'est dézingué, quand ça se vide à sang ouvert et qu'il faut le tirer à deux dans les boyaux noyés de margouillis, ça devient fantastique.

Au-dessus du commun.

*
* *

À chaque pas, dans la soupe immonde, les deux brancardiers d'occase s'enfonçaient jusqu'aux cuisses et, pour se décoller l'un après l'autre, en étaient réduits à se prévenir du moindre mouvement. Le brodequin napolitain réglementaire risquait à chaque instant de rester enchetibé au fond de la vase.

Cramponnés aux mancherons du brancard, les deux amis pataugeaient. Sssurc ! Ssssurc ! Sssourc !

Ensuqués dans la visque, ils se plantaient, ils dérapaient, tombaient parfois dans une fondrière, s'enfonçaient jusqu'au cou, sans cesse palanquaient plus loin le blessé, poussaient des grognements, des jurons étouffés, la jambe prise, le tronc enlisé, cahin-caha repartaient – succions, jeu muet, grimaces, efforts – trois mètres plus loin, la terre les avalait à nouveau, les empêtrait. Malno se tournait à demi, alertait son autre paire de jambes. Sa moitié de quatre pattes. Gaffe à l'arrière ! je m'arrache ! Ou bien : J'y vais, cramponne ! Fais pilotis, retiens ! Le cou tendu, Tincry s'efforçait de suivre. Glissoire, pataugе, lutte abominable, il fallait pas non plus s'arracher trop brusquement de la glu, du collant, de l'épais, du baveux, pas tanguer trop fort dans le gras mucilage à cause « du mal en point » qui perdait ses entrailles, se vidait sur votre tête, du sang, de la pisse, le reste, et qui geignait sa mère.

Quand ils arrivaient au poste, Malno et Tincry avaient la gueule en pâté en croûte. Si le gars sur la civière hurlait toujours comme un putois, c'était signe qu'il était encore de ce monde. On le livrait. Il prenait son tour auprès des éborgnés, des tranchés vifs, des découpés, des percés, il prenait place dans le vestibule en toile de tente qui servait de salle d'attente.

*
* *

L'infirmier Boutru était le dévouement personnifié. Étudiant vétérinaire, il avait coutume de dire : « Qui soigne les bêtes, aime les gens. » Quand il n'était pas les coudes dans le sang et qu'on était de repos, il jouait à ravir du piano au mess des sous-offs. Il avait des mains d'artiste, très longues et très pâles.

Au début de l'attaque, lorsque le médecin-major avait pris un éclat d'acier tordu dans le thorax et qu'il était entré en agonie, il l'avait accompagné jusqu'aux portes du trépas. Dans sa vie de civelot, le major était un sacré grand couteau, un éminent chirurgien.

Il fallait voir Boutru. Un type à part. Son respect pour la science. Il pressait le blessé dans l'arceau de ses bras. Une délicatesse ! Une fraternité ! Quand il soignait son prochain, il devenait la paillasse de l'univers. Il se penchait sur l'infortuné médecin. Il bourrait sa plaie de coton. Et je te tamponne ! Le sang redégoulinait partout. Épanchement énorme dans la plèvre, hémorragie sans fin, le pouls à peine perceptible, la face d'une pâleur livide, le malheureux passait doucement entre ses mains sans qu'il puisse intervenir chirurgicalement. N'importe ! Boutru s'accrochait. Il fronçait sérieux, jouait son rôle à des hauteurs de sacerdoce, s'évertuait, pompait l'écrabouillade, donnait l'éther, la morphine, il piquait le mourant pour que ça lui arrange la douleur, mais toujours l'autre redégringolait de trois étages, plus de tension, plus d'oxygène, des bulles de sang plein la bouche, et puis les serviettes, les gazes, les tampons, servaient à rien, ça saignait quand même, le toubib sombrait doucement, déjà se baladait dans le jardin des fleurs éternelles, Boutru avait fini par se fâcher, son cœur était gros d'indignation. La suie, le sang poissaient sa face. Il en avait lourd sur la patate : – Pas besoin d'être sorcier ! il s'était révolté, le major va pas peser lourd ! Les poumons au raisiné, ça se soigne pas avec de l'eau de Dakin ! Il avait ôté son grand tablier. Les brancardiers avaient emmené le malheureux chirurgien sur leur porte-viande. Direction le cimetière des braves. Boutru était sorti griller une cigarette devant sa boutique.

Les blessés geignaient doucement dans son dos.

Il fumait.

Il avait l'air jeune.

Il regardait la nuit, il sondait le grand mystère de l'univers.

Il se demandait si, en l'absence du major, il serait capable de scier une jambe pour sauver un pauvre type.

35.

Capdebosc sondait les ténèbres.

Il supputait que sur toutes les positions, dans tous les bois, derrière toutes les crêtes, se trouvaient tapies, s'embusquaient d'innombrables bouches à feu de tous les calibres, abritées de branchages ou camouflées de couleurs terreuses.

À vingt-deux heures, un coureur, un petit engagé de dix-sept ans, était venu le chercher.

Les « chefs » étaient requis. Ils devaient se réunir dans une ancienne casemate camouflée. Le commandement au grand complet. Autant dire deux sergents (y compris ledit Capdebosc) sous la férule de l'adjudant-chef Schnutzendorf, un alsaco buté, rescapé de la première vague et qu'avait rafistolé Boutru, dès les premières heures de la matinée.

Schnutz, Oncle Schnutz, comme on le surnommait au 60e, avait la tête bandée. Son gros pansement lui donnait l'air assez turc. Il avait perdu une oreille. Il disait comment ? Il disait plaît-il ? Il le disait sans arrêt. Il avait un accent prononcé. Il faisait répéter ses interlocuteurs toutes les trois phrases.

*
* *

Faute d'un vocabulaire commun, le conciliabule entre les trois hommes avait été succinct. L'alchimie de leurs raisons de combattre le boche était loin de passer par les mêmes cornues.

Enragé par sa soif d'idées généreuses, désespéré en même temps par l'échec d'une cause dévouée et héroïque, Capdebosc, plus que jamais rebelle, restait Capdebosc. Il frappait de sa main décharnée sur la table bancale. Avec obstination et véhémence, il répétait :

— Tout va à tourne-cul ! Pour faire une guerre, il faut un peuple généreux de son sang mais il faut aussi des officiers qui n'abandonnent pas leurs troupes !

Ses paroles résonnaient étranges et sombres.

Le second sergent n'était pas homme d'action. Il se contentait d'être le curé de campagne qu'il avait toujours été. Il cherchait la miséricorde de Dieu dans chacune de ses phrases. Il tenait son bréviaire à la main. Pendant les bombardements, il tricotait des chaussettes de laine en émiettant des Notre Père du bout des lèvres.

Quant à l'adjudant-chef, il était sourdingue.

*
* *

Ensemble, les trois hommes firent l'inventaire de leurs forces.

En gros, ils pouvaient compter sur l'équivalent d'une petite compagnie. Cet effectif hétéroclite appartenait à plusieurs unités décimées lors du premier assaut. Plus un seul officier vivant. Tous les galonnés avaient disparu dans les brumes gluantes. Une désolation.

La troupe, composée pour un tiers de fantassins, un tiers de chasseurs, d'une vingtaine de tirailleurs marocains, de quelques éléments subalternes du service de santé, de quelques territoriaux du 59e et d'une poignée de gars des transmissions, était déployée sur un front de trois ou quatre cents mètres de large. On comptabilisa cent trente-deux hommes valides, enterrés dans les anfractuosités des *creutes* et des abris. L'armement se résumait à deux crapouillots, quatre mitrailleuses et quelques caisses de grenades (dont ils opérèrent le partage) – au total des troupes épuisées et démoralisées qui allaient devoir, si l'on en croyait le chef naturel de cette poignée d'hommes hétéroclites, sortir de leurs caches et regrimper la pente de la colline afin de réinvestir les tranchées de première ligne. Pour Schnutz, c'était la seule façon de se donner un tant soi peu les moyens de s'opposer à l'attaque ennemie.

Dans la perspective du casse-pipe annoncé, l'abbé Ambroise Fortier, curé de Nitry, dans l'Yonne, s'en était remis une fois de plus à la grâce de l'Officier du Ciel. Le boulanger Capdebosc avait plaidé pour le repli pur et simple. L'adjudant-chef Schnutzendorf avait milité pour la résistance et prêché dur comme fer l'utilité du sacrifice.

*

* *

Pour étayer ses convictions et asseoir son autorité, le juteux avait traité Capdebosc de « *roubie de zanzonnet* » et de « *rasdaquouère té la téfaite* ». Quinze fois il l'avait roulé dans la boue avec son accent épais.

— *Esbèce té guerrier cocotte à la noix !* il avait même servi au boulanger. *Ach ! ils font ze marrer les poches avec tes badriotes tans don chenre !*

Là-dessus, on s'était penchés sur les cartes.

*
* *

Avançant son mufle obtus sur le dédale des cotes et des relevés topographiques, l'alsaco s'entêtait dans son projet de réintégrer la ligne de tranchées conquise le matin et abandonnée au moment du bombardement. Il voulait y aller tout de suite. Il voulait que ça fume. Son raisonnement tenait dans un tire-jus. Il justifiait sa stratégie par des déductions de manœuvrier de café du Commerce. Les frisés, pensait-il, renseignés par l'Aviatik, devaient être persuadés que la ligne de repli des Français se trouvait située à hauteur des *creutes*. En butant de manière inopinée sur une position plus avancée que prévue, l'ennemi offrirait une fichue cible à débarder. Les mitrailleuses françaises n'auraient plus qu'à darder leurs petites langues de feu sur les attaquants. Distribuer leurs confettis aux alboches qui reflueraient dans un grand remous de troupes à découvert. Arrosage à verse-mort ! On allait tailler dans les rangs ! On allait voir un peu l'orphéon ! Avec un feu nourri, toute la ligne qui vous en décroche, les Allemands allaient drôlement se faire secouer le paletot. Il y avait fort à parier qu'on prendrait l'avantage sur la première vague d'assaut et qu'on lui causerait de lourdes pertes.

Après, on verrait bien. On bénéficierait d'un répit. Après le répit, la relève viendrait.

— Quelle relève, n'adjudant-chef ?

*
* *

Schnutzendorf avait posé ses yeux fiévreux sur les deux sous-officiers.

Il avait dit :

— *Chanfoutres ! Za me fait mal dé fous regarder !*

Il ruminait dans son patois natal de Roppenheim, là-bas, du côté de Rœschwoog, puis revenant à la pratique du *vranzais* :

— *Fous groyez pét-être que che fous tartine tes mots à la craisse de hérisson ? Voutaise ! Che n'imbrovise bas, vous zavez !*

Ses yeux brillaient. L'état-major lui avait fait miroiter une relève aux premières lueurs du petit matin.

— Encore faut-il pouvoir tenir jusque-là !

— *Che tiendrai ! Che tiendrai ! Z'est un travail te dames ! Un drafail télicat !... Déchà, che me régale !*

— À ta bonne santé, général des fesses en l'air ! l'avait conspué la boulange. Sans munitions, tu feras illusion combien de temps ?

— *Hein ? Guoi ? Gomment ? Blaît-il ?*

Oncle Schnutz était une tête brûlée. Les ordres étaient de tenir coûte que coûte. Il était bien déterminé à obéir aux chefs. Ancien légionnaire, il avait guerroyé dans les djebels du Sud mauritanien. Chaque fois que Capdebosc ouvrait la bouche pour parler, c'était comme une insulte personnelle.

— *C'est drop indignant !* gueulait-il. *On est là pour cagner la guerre ! Bas pour montrer zon cul ! Gomment ?*

Il écumait. Il était d'un caractère à massacre et on le sentait à bout de nerfs.

— *Nous bouvons ténir,* s'obstinait-il. *Soufenez-vous té Camerone !*

On connaissait assez ! Encore un ahuri qui tapinait pour la gloire ! À l'échelle de Capdebosc ça redevenait moussant. Le sergent en était tout retourné. Une telle connerie à bout portant ! Pour un peu il aurait porté un gnon sur la gueule du juteux.

— Quand t'auras épuisé tes munitions, qu'est-ce qui

te restera, peau d'œuf, pour retarder les Huns ? Ta connerie bien épaisse ?

L'autre se grattait la tête, remontait un peu son pansement en forme de coiffure ottomane, puis soudain tournait hystérique :

— *Il resdera lé gourache des baïonnettes ! On leur rendrera dans la fiande !*

Le prêtre s'était signé.

Oncle Schnutz lui avait octroyé l'aile gauche du dispositif. Il avait attribué l'aile droite à Capdebosc. Il s'était réservé le centre et deux des quatre mitailleuses.

Tout à coup, brutal envers lui-même ou perdant la bobèche, il avait ôté son turban, comme on soulève un chapeau, pour saluer. Il était tout barbouillé de rouge. À la place du pavillon de l'oreille, un grand trou noir et du sang. Il souriait quand même.

— *Fife la Vrance !* il avait bramé, le sacré bestiau.

Capdebosc avait pas pu s'empêcher, il avait foutu une grande claque sur la truffe de l'adjudant Schnutzendorf.

Il lui avait tarté le beignet. Malgré sa blessure !

36.

Ça n'avait pas été du caramel, mais les trois sections, reconstituées tant bien que mal, avaient reçu l'ordre de se tenir prêtes à faire mouvement pour réinvestir les tranchées abandonnées. Prêchant contre sa propre conviction, Capdebosc avait même persuadé ses hommes de l'utilité de la manœuvre.

On avait mis à profit l'absence de lune pour se déplacer dans le plus parfait incognito. Le sergent qui, dans ce genre de circonstances, se prenait pas pour un glandu avait consulté sa tocante. Dans cinq minutes, tout le monde dehors. Il avait fait passer le mot dans les différents abris.

Avec armes et précieuses, les petits chasseurs du 60e s'étaient retrouvés au grand air. Le ciel était maquillé en noir de Chine. On y distinguait goutte.

— C'est pas pour trahir la France, mais j'vois même pas ma bite, s'était plaint un espiègle anonyme.

— Bidasses, faites pas les billes ! avait rétorqué Capdebosc qui crachait le vitriol par tous les bouts. Tout est aux pommes pour retourner là-haut. J'veux que vous avanciez avec des prudences de demoiselles !

Il avait levé son bras de commandement.

— En ligne sur un rang, pas de course ! Derrière moi, en avant !

Chargé de tout le barda, chacun s'ébranlait dans les ténèbres avec l'impression qu'il allait s'écrabouiller la tête contre un mur.

Ramier, Korodine, Montech, marchaient au coude à coude, droit devant eux. Pas une pensée dans les esprits, rien qu'un instinct, celui d'atteindre la crête et de s'abattre le plus vite possible à l'abri, trois cents mètres plus haut, sur le sol noir.

*

* *

Arnaud de Tincry était resté en arrière. Il avait différé son départ pour cause de furieuse colique. Bagages posés, il s'était soulagé dans un trou. Maintenant, il faisait feu des deux fuseaux pour rattraper ses vieux poteaux. Surchargé par le poids d'un tube de crapouillot qu'il portait en sus de son propre équipement, il s'était laissé sérieusement distancer.

Insensible à la douleur de ses chevilles malmenées au passage des fondrières, inconscient du marteau de son sang qui cognait et désordonnait à ses tempes, il filochait dans la bouillasse.

À deux reprises déjà, il s'était arrêté pour reprendre haleine. La seconde fois, il avait entendu décroître dans l'obscurité le trottinement accéléré de ses camarades, le bruit mouillé des croquenots dans la boue.

Face à la colline tragique, il s'était conforté dans l'idée que pour renouer avec la piste perdue de ses compagnons, il lui suffirait de toujours suivre la ligne de pente.

Il avait repris son ascension en évitant le piège des

rochers de craie qui affleuraient et surgissaient au dernier moment sous la semelle des brodequins.

Il activait les bielles de ses jambes, il tendait les bras devant lui pour écarter les embûches. Il poursuivait sa progression en somnambule, en possédé, en aveugle, avec la pensée terrible que le premier coup de feu inopiné qui claquerait pourrait aussi bien lui percer le dos que lui faire éclater la face.

37.

Tandis qu'il doublait le pas pour rattraper les siens, Arnaud, les dents serrées, tirait sur ses muscles.

Grimper tout son attirail là-haut était une tâche ardue. Le fût du lance-torpille lui sciait les bras. Avec des allures de bonhomme mécanique, il avançait malgré tout. Il cherchait à oublier l'indigence de ses forces.

À chaque enjambée, il se renfonçait un peu plus loin en plein encrier. On ne voyait rien devant soi. On ne savait pas sur quel enfer allait s'ouvrir la nuit.

En maraudant de la sorte dans la bouse, soufflant, crémeux, cahoteux, il s'était mis à penser à la Lorraine. À sa chère terre natale. Machinalement, une manière à lui d'avancer, il réchauffait la lumière morte de sa jeunesse, ressuscitait les heures passées à étudier, la litanie des jours maussades, l'étouffante odeur de moisi qui imprégnait la chambre de bonne où il avait échoué en arrivant à Paris.

Ho ! Hisse ! les clous, les godillots ! Il poursuivait son ascension dans l'obscurité. Il escaladait le rideau dense de la nuit. Il progressait comme dans le cul d'une poule. En même temps, il remerciait les ténèbres de voiler le travail des hommes. Il grimpait par sursauts. Une déambulation très ingrate de pierres alternées de gadouille.

De temps à autre, il s'arrêtait pour tâter le terrain.

Mais où étaient donc les tranchées promises ? Le sol n'était que chaos. Des amas de terre, des vestiges de boyaux et des trous informes.

*
* *

À nouveau, son esprit vagabondait.

Parisien, il s'était jeté sur le travail. Éclairé par la lucarne du poêle, plus d'un soir, il s'était crevé les yeux sur sa copie.

Bachelier, il avait vécu sous les jupes et entre les cuisses d'une femme accueillante dans ses trois rangées de perles. Une personne d'au moins trente-huit ans qui avait fait irruption dans sa vie. Une inconnue qui attendait son regard et qui, dès le premier jour, l'avait aimé tendrement. Elle s'appelait Sarah. Elle était sa logeuse. Un soir de décembre, après qu'il eut payé son terme, elle lui avait ouvert ses draps en toile d'Elbeuf.

Le lendemain, elle s'était dressée la première sur leur couche. Il s'était réveillé doucement, à ses côtés. Sarah avait les ongles peints en rouge. Une frange dévorait son front. Son buste était placé sous le signe d'une magnifique plénitude. Elle lui avait caressé la tête.

Elle lui avait dit :

— Eh bien, mon joli petit chat maigre, nous voilà dans de beaux draps ! Thé ou café ?

Il avait choisi le café et deux croissants. Elle lui avait promis de beaux horizons s'il restait avec elle.

Il avait fait ses études de droit et cultivé son corps. Son visage s'était creusé. Ses yeux enfermaient désormais une lueur sauvage. La mensualité confortable que M. de Tincry lui versait et qui parvenait chaque mois à la banque d'affaires des Frères Dolfus, rue Serpenoise, à Metz, s'accumulait sur un compte auquel le jeune homme ne touchait plus.

*
* *

Sur le raboteux terrain de la colline, Arnaud avait étouffé un juron. Après trois pas heurtés et saccadés pour retarder sa chute, il venait même de s'étaler de tout son long dans l'eau glacée, écrasé par le poids de son sac et le fût de l'arme si lourde à porter. Le blair enterré dans la confiture de mouscaille, son corps était lourd de fatigue. Doucement, il s'était redressé.

Un genou planté en terre, il restait sur place. Il reprenait son souffle. De sa main sale, crevassée de gerçures, il faisait l'inventaire de son corps naufragé.

Il était comme oublié dans l'heure éteinte. Une lutte muette et effroyable contre la faiblesse commençait. C'était si bon, ce moment de répit ! Cette vacuité dans la nuit ! Cette façon inattendue, de profiter en cachette du bonheur suraigu d'être seul. D'être à l'abri des regards. D'écouter les vagues rumeurs de la terre mouillée. De donner libre cours à ses fissures intimes, d'enfreindre les principes militaires. Presque une désertion.

Doucement, Arnaud se laissait glisser dans l'eau morte de l'oubli. Étendu sur le sol, il se reposait. Il avait fermé les yeux. Détaché de l'irrésistible folie de la guerre, il livrait son grand corps vaincu à son imagination.

Ah, s'abandonner ! Se livrer quelques instants au désir battant d'aimer, prêter sa peau froide à la douceur de lèvres aimées !...

38.

Sarah veillait à tout. Elle possédait un corps très sensuel qui vous donnait des idées pour la rejoindre par tous les moyens dans son lit.

Elle avait été l'épouse, puis la veuve, d'un industrieux Crétois. Un type au sourire enjôleur, aux favoris acajou. Une séduisante fripouille qui répondait au nom de Bazor Babylas et avait connu son heure de gloire au firmament des monte-en-l'air du début du siècle. Ce caroubleur au fric-frac avait laissé son nom à un type de rossignol conçu par ses soins, une tige de ferraille dont le museau était capable de venir à bout de n'importe quelle serrure.

Dans la confrérie des crocheteurs, on disait d'ailleurs passe-moi le *Babylas,* que j'ouvre le coffiot. Le *Babylas* était en somme à la serrurerie d'effraction ce que le *Littré* est à la lexicographie. Un classique. Et point de secret, point de rouet, d'entretoise, qui résistât à la morsure du terrible passe-partout.

*
*   *

Son inventeur, perfectionniste en tous points, s'était au fil des ans distingué par ses méthodes peu orthodoxes, son art de l'escalade sur façade et son talent de transformiste. Et si, malgré son immense talent, l'astucieux perceur avait fini sa vie en prison et succombé à une perforation d'estomac, sa déchéance, toute professionnelle, avait été attribuée, dans le milieu, à l'abus du champagne dont il avait royalement abusé sur les paquebots pour séduire ses victimes. Bazor Babylas, sous les dehors d'une délicieuse cigale, était un fameux entortilleur et possédait avant tout l'art de s'ouvrir le cœur des femmes.

Il avait laissé à son épouse un joli tapis d'or sous forme de lingots, et de plusieurs coffrets de bijoux que Sarah avait su convertir en biens immobiliers et en rentes substantielles. Il lui avait également légué sa trousse de cambrioleur, sa *ferrière*, qui, à elle seule, valait une fortune aux yeux de tous les spécialistes.

*

* *

À trop regarder le beau visage de cette maîtresse façonnée par l'amour de la vie, Arnaud n'avait pas connu d'autres liaisons. Pas de bluettes de son âge. Pas de jupons de dix-huit ans.

Il fermait les poings. Il sondait les yeux noirs de Sarah. À son contact, il s'interrogeait sur le persistant mystère des femmes. Sur la magie de leur voix brûlante. Sur le sortilège de leur regard. Sur leur cruauté de neiges éternelles.

Insatiable explorateur de sa vérité propre, il cherchait chez sa belle maîtresse les reflets d'une autre personne, il cherchait à évaluer la distance infinie jusqu'à sa mère véritable qu'il ne connaissait pas. Qu'il ne connaîtrait sans doute jamais. Il soupirait en regardant Sarah.

Elle se méprenait sur le questionnement de son amour.

*
* *

À son retour du service militaire, Arnaud avait l'étoffe et la prestance d'un homme dégourdi. Pressé par la veuve et délivré du remords par un flot de paroles douces, il avait emménagé à l'étage de cette dernière.

Dans la clarté indistincte de ce logement bourgeois, longtemps il avait essayé d'apercevoir les contours de son avenir. Or, un jour que, par désœuvrement, il s'exerçait de la pointe d'un couteau suisse à percer le secret d'un tablier de secrétaire Empire, la Providence, cette personne au fin sourire, s'était penchée sur son crime ! Arnaud venait de poser la main sur la trousse de Bazor Babylas !

Grâce aux conseils prodigués par Sarah, il avait vite appris le maniement des crochets et autres clés bénardes. Le temps de dire madame et il était rompu à l'emploi des passe-partout à demi-tour ou à ressort. En quelques traits de lime, il était désormais capable de parfaire l'ajustage d'un pêne récalcitrant ou d'une barbe émoussée. Sarah était émerveillée par les dons de son protégé et le sérieux de son comportement. Elle était tout à fait sidérée par le degré de curiosité et la soif de connaissance qu'il manifestait à tous les tournants de son apprentissage. Le jeune homme venait d'être agréé avocat auprès du tribunal de la Seine mais persistait à vouloir se perfectionner plus avant dans le métier de grinche.

Elle lui présenta donc Jules Contrecœur.

*
* *

Jules avait été le bras droit de Babylas. Il était pour ainsi dire son disciple et se targuait de posséder un doigté de fée dès lors qu'il s'agissait de faire parler un joli mécanisme.

Jules et Arnaud devinrent inséparables. Les deux hommes se complétaient bien. Arnaud était doué pour les travaux pratiques. Il était gai et agile sur le terrain. Au lieu de fréquenter les allées du Palais, il commença à pratiquer la carouble en duo avec cet excellent parrain. Il ne restait plus rien de son enfance.

La nuit, il vivait l'aventure des voleurs, le jour, il étudiait l'histoire de l'art avec autant d'énergie qu'il en avait déployé autrefois à traduire Pline le Jeune.

*

* *

Lorsque Arnaud rentrait tard, lorsqu'il se glissait dans l'appartement à l'avant-jour du ciel qui commence à s'éclaircir, Mme Babylas, femme d'accueil et de devoir, l'observait sans rien dire. Elle visitait ses yeux fixes. Elle était stupéfaite et triste de ce qu'elle y rencontrait. Un tel éloignement. Un tel endurcissement. Elle n'osait même pas l'embrasser. Elle s'approchait toutefois pour le serrer contre elle. Le réconforter sur son cœur. Sur le point de lui ouvrir les bras, elle suspendait son geste. Elle découvrait un froid glacial.

— Mon petit homme ! Mon petit homme, soupirait-elle. C'est pourtant la peau que je te donne ! C'est la peau ! Je n'ai plus rien d'autre pour toi que mon corps de femme qui a déjà passé ses grands quarante ans !

D'un coup, Arnaud retombait sur terre. Il déposait sa trousse de cambrioleur. Au prix d'une chute interminable dans le vide, il courait se jeter à son cou. Il entrait dans son lit.

Il lui disait, tu vas enlever tes bas. Non, non. Garde-les. Elle commençait contre lui une lutte alanguie. Son ventre était doux à toucher. Leurs corps se soulevaient en même temps. Leurs souffles se mêlaient. Arnaud abordait des archipels inconnus. Sarah distribuait l'eau du ciel.

Arnaud retournait souvent où elle voulait aller.

39.

Huit années s'étaient écoulées depuis l'arrivée du jeune homme à Paris, huit longues années sans qu'il remît les pieds au château de Tincry ou cherchât seulement à donner de ses nouvelles.

Les derniers temps, Arnaud avait visité nombre de toits. Pour s'aguerrir, il s'était lancé en solo. Il voulait mesurer ses forces. Il n'avait pas peur des mauvaises rencontres. Il était silencieux comme un greffier. Inconscient des dangers qu'il courait, ses expéditions nocturnes l'avaient conduit à explorer bien des soupentes, à dévaler des escaliers de service, à escalader des échelles d'incendie.

Il s'était astreint à toutes sortes d'exercices périlleux, à d'improbables équilibres, à des effractions hasardeuses. Il avait chancelé sur des faîtages vertigineux, il avait accompli des sauts de plusieurs mètres au-dessus de vides de cinq à six étages. Une fois, il s'était même rétabli au bord d'une corniche.

Pour se frotter à la fréquentation des œuvres rares et des bijoux de valeur, pour se familiariser avec les faux et les copies, pour reconnaître le vrai du toc, il avait aussi fréquenté, en l'absence de leurs propriétaires, les plus beaux appartements du quartier Trocadéro. Il avait eu entre les mains des rivières de diamants admirables, un solitaire d'une taille exceptionnelle, la tiare d'une princesse en exil. Il avait caressé de ses doigts exaltés deux Fragonard, expertisé un faux Titien, mais aussi étudié à la loupe d'authentiques Degas, un beau Renoir et plusieurs toiles de ce fameux Cézanne dont on commençait à vanter la manière. Fidèle à ses principes, il avait toujours scrupuleusement raccroché les toiles à leur piton, toujours remisé les parures de saphirs dans leurs écrins. C'est à peine si, une fois, il avait dérogé à ses principes en glissant dans sa besace un petit tableau fauve d'Auguste Herbin figurant un pont à Céret et dont il était tombé amoureux.

Modeste façon de matérialiser la fin de ses études ! Solennelle manière de marquer d'une pierre son premier larcin !

À la place du tableau, il avait laissé une carte de visite sur laquelle figurait son nom de cambriole.

Sur le bristol, on pouvait lire : « **Spector**, successeur de Bazor. »

*

* *

Arnaud avait offert le tableau à Sarah.

Or, un soir d'été, un soir paisible choisi par les deux amants pour souffler ensemble les vingt-trois bougies de l'anniversaire d'Arnaud, la guerre avait fait irruption dans leur logement sous les traits d'un maréchal des logis de la prévôté militaire.

Sabretache en sautoir et baudrier en harnache, le cogne moustachu était porteur d'un titre de mobilisation.

— La guerre ? avait dit Sarah.

— La Grande Guerre, avait précisé la chaussette à clous.

— La guerre, c'est moche, avait dit Sarah. C'est vraiment moche, elle avait dit.

En parlant, elle avait incliné le plat qu'elle tenait à la main et elle avait renversé la crème anglaise sur le tapis. Le prévôt s'était mis à table et avait bouffé le gâteau.

*
* *

Le 3 août 1914, Arnaud de Tincry s'était rendu à la gare des Batignolles. Un train en direction de Thionville allait l'emporter avec d'autres jeunes gens pour faire face à « une guerre courte, fraîche et joyeuse ».

Sur le quai grouillant de mobilisés, cédant à l'émotion, il avait attiré Sarah dans ses bras. La tête bouclée de sa maîtresse reposait sur son épaule.

— Je sens les battements de ton cœur, elle avait dit. J'écoute la passée de ton sang.

Elle avait fermé les paupières et, la ligne de ses épaules renversée vers l'arrière, s'était abandonnée.

— Maintenant que la guerre est là, autant que j'en vienne à bout, avait soufflé Arnaud.

— Oui ! Autant, avait murmuré Sarah.

Elle avait rouvert les yeux et regardé la scène d'embarquement au travers de ses longs cils. D'autres couples se disaient adieu devant les wagons en partance.

— Heureusement que tu n'es pas seul, avait-elle ajouté en anticipant sans le savoir sur deux millions de morts.

Submergée par le désarroi, la jeune femme s'était mise à verser des larmes silencieuses.

— Ah, mon pauvre, mon pauvre chéri, elle avait fait, en éloignant brusquement son regard dans le vague, c'est fou ! J'ai la trouille de quelque chose, mais je ne sais pas encore de quoi...

Les bruits, les odeurs, une lumière plus dense pénétraient ses membres endoloris. Elle s'était réfugiée à l'horizon de ses pensées secrètes.

Une douceur lénifiante envahissait sa nuque et ses membres. Soudain, elle sursauta. Arnaud venait de serrer sa main deux fois comme un signal.

Ils s'étaient regardés de près pour la première fois. Ils s'étaient noyés tout au fond l'un de l'autre. Ils s'étaient embrassés longuement.

Pressé par les ordres des convoyeurs, Arnaud s'était hissé dans le train. Depuis le marchepied, il dominait la fragile silhouette de la jeune femme. Elle attendait son regard. Il la fixait droit dans les yeux. Sans brisure. Sans cassure. Avec une vraie terreur.

Il cherchait désespérément quelque chose à dire. Un truc costaud. Une phrase qui fasse sens.

Après un siècle de silence, il lui dit :

— Je ne pense qu'à retrouver la chaleur de ton corps.

Sarah avait mordu sa lèvre inférieure. Elle avait haussé les épaules. Ses lèvres avaient dessiné un pâle sourire.

— Qu'arrivera-t-il demain ? avait-elle murmuré.

Et le train était parti.

40.

Après un premier sommeil de brute, l'Empereur des canons et des foudres, le Kaiser Guillaume, s'était éveillé d'un œil.

Sa Majesté prussienne et germanique avait constaté qu'il était minuit. Elle avait mis son casque à pointe, elle avait bu une blonde de Mutzig sans faux col.

En enfilant ses grandes bottes, elle avait grommelé :

— L'aube qui se lèvera va éclairer d'exceptionnels événements ! Le plus *kolossal* bain de sang de l'Histoire !

Puis, sanglé dans son uniforme, le héros des tonnerres, sa Majesté *Kaiserkopf*, ainsi que l'avait surnommé Boris Korodine, avait traversé la rue du village désert où elle cantonnait.

Elle était allée boire encore plus de bière à la taverne.

Sa simple vue avait suffi à déclencher un triple *hoch* de la part de son état-major.

Les officiers bottés, les officiers casqués, sanglés, les uhlans, les hussards de la Mort, les artilleurs avaient levé leur verre à la maison de Wurtemberg.

— *Hoch, hoch, hoch !*

Chacun sa guerre

Ils avaient trinqué à la victoire annoncée.

Ils avaient ensuite descendu soixante-trois chopes exactement.

Et l'on avait servi la choucroute.

41.

Les mitrailleuses allemandes s'étaient mises à quinter. Elles dirigeaient leur feu sporadique sur le centre du dispositif français et venaient de déclencher plusieurs petites attaques.

En réalité, rien ne se passait comme prévu. La nuit, loin d'être une nuit de repos, tournait au mauvais rêve, un peu comme si l'ennemi, pris de doutes, voulait chercher les brèches ébauchées par son bombardement de la veille.

Au début, les fantassins allemands semblaient tirer à l'aveuglette. Peut-être pour foutre le cafard aux Français d'avoir une longue nuit d'attente devant eux, ils multipliaient les incursions de grenadiers destinées à prendre contact avec les avant-postes et à fixer approximativement leurs emplacements.

Ils tâtaient leur capacité de feu. Cette tactique, en incitant les poilus à riposter, ruinait le plan prévu par Schnutzendorf et, lorsque Capdebosc entendit tousser pour la première fois les deux mitrailleuses attribuées à l'adjudant, il sut qu'il ne fallait plus miser sur l'espérance d'un quelconque effet de surprise pour quand viendrait le moment de l'assaut final.

*
* *

Ramier, préposé à l'unique mitrailleuse de la section Capdebosc, se tenait en position de tir, allongé devant le modèle Saint-Étienne. Favard était son servant. Tincry, absent au rapport, avait été porté manquant.

Tout autour de la position tenue par les chasseurs, les balles sifflaient. La nature, éclairée de temps à autre par les fusées, semblait participer au mystérieux embrasement d'une fête tragique. Les arbres mutilés, les étais éventrés, les chevaux de frise retournés, la terre en lambeaux, semblaient saigner d'une blessure inguérissable.

Au-delà des barbelés, barouf intermittent. Parfois même, silence absolu. Les machines à secouer le paletot se taisaient.

*
* *

Hommes à vos postes ! L'averse, le harcèlement, se déplaçaient sans cesse. Le feu des mitrailleuses allemandes abordait maintenant la position Capdebosc.

Sur chacun des copains étalés entre les sacs de terre, la main de la mort planait. Piochant au hasard, elle jouait au jeu de l'andouille. Pic nique douille, d'un doigt froid et métallique, elle désignait de son tracé de piqûres les futurs perdants, tacatac tacatac, les mitrailleuses chleuhs crépitaient, les projectiles rampaient au-devant des poilus. À la cadence de leur fringale, les balles miaulaient, mêlaient leur concert au charivari des torpilles, elles déchiraient les sacs de jute, elles labouraient les échines, elles procédaient à un étrange tirage au sort. Une balle en plein front pour Hourlier. Un éclat d'obus dans la hanche pour Mercier. Et celui-là qui faisait mine de dormir, tandis que passait et repassait un cortège de pruneaux qui labouraient son dos, il s'en contrebattait ferme qu'on le tuât pour la troisième fois ! Marjolin avait déjà fait la cabriole depuis longtemps ! Entamé la danse des macchabées ! Montech venait de retourner sa dépouille.

Crâne d'œuf souriait. Il avait perdu sa cervelle. Il ne dépouillerait jamais le petit Favard de son pécule. Une gourmandise de sang vermeil sirotait autour de ses gencives.

*
* *

Tape ! Tape ! Mais tape pas trop fort, mon cœur fait mal ! Arnaud de Tincry attendait au fond d'un trou. Il avait cessé de progresser.

Partout, les hommes s'enterraient.

Le tourniquet de la mort continuait à distribuer ses dragées. La camarde frappait les yeux fermés.

En première ligne, Ramier s'était tourné vers Capdebosc.

— Qu'est-ce que je fais ? Je lâche la purée, sergent ?

— Je ne suis pas sûr qu'il faille leur dire où nous sommes... répondait Capdebosc.

— En s'approchant, ils finiront bien par nous renifler !

— À moins que nous ayons les nerfs de ne pas nous manifester, tenait bon Capdebosc.

Chacun se garait comme il pouvait. Le sergot écoutait cogner la vacherie sur le parapet. Il reniflait le concert. L'arrosage s'éloignait, revenait sur le motif. Insistait.

— Personne n'ouvre le feu ! intimait Capdebosc de temps à autre.

— À c' compte-là, y vont nous bouffer tout crus, sergent ! gueulait le petit Favard.

— Pas sûr, fils. Ils tâtonnent. Ils viendront peut-être même pas jusqu'ici !

Capdebosc bouffait sa moustagache. Sous le feu, c'était plutôt duraille, le métier d'homme prudent.

*

* *

Des lueurs rouges, vertes, jaunes passaient devant les yeux affolés des chasseurs. Une torpille à ailettes, qui se balançait en l'air, venait de tomber à quelques mètres du poste.

L'explosion avait été si formidable qu'instinctivement tous les occupants s'étaient regroupés au fond d'une ébauche de sape.

Dartigoles, un petit moutonnier originaire d'un bled de Chalosse qui s'était porté volontaire pour l'avant-poste, venait de faire les frais de la casse. Il avait senti ses poumons éclater, sa tête se vider et avait eu l'impression de recevoir un terrible coup de poing derrière la nuque. Cet ouragan de souffle, caractéristique des torpilles, l'avait étalé pour le compte.

Il s'était redressé, hagard et titubant. Sa capote déchiquetée lui donnait l'apparence d'un épouvantail. Korodine avait juste eu le temps de l'attraper par les chevilles et de le déséquilibrer. À peine Dartigoles était-il tombé sur le pif qu'une rafale de balles passait en sifflant comme un couperet de guillotine.

— Ils attaquent ?

— Non, s'entêtait Capdebosc, ils tâtent... Je vous dis qu'ils tâtent ! Halte au feu ! Ne ripostez pas !

Et de fait, après qu'un nouveau chant de mitrailleuses

eut appris aux hommes de l'escouade Capdebosc que Schnutzendorf n'avait pas eu leur retenue, ils s'aperçurent que le feu des agresseurs se concentrait sur le centre du dispositif et les épargnait.

Néanmoins, sans cesse, des patrouilles tâtaient le terrain. Dans le champ visuel des périscopes de tranchée, des silhouettes à peine entrevues couraient se mettre à couvert sitôt après avoir ouvert le feu. Les sentinelles n'étaient pas sûres de ce qu'elles avaient vu. Elles tombaient de sommeil. Hallucination complète. En l'espace de quinze secondes, des ombres grises sortaient de terre, se déployaient. Et que je te fonce, les jambes au cou ! Des fantômes évoluaient, s'abattaient soudain sur le sombre.

— Ne ripostez surtout pas, persistait Capdebosc.

L'instant d'après, une nouvelle vague germait du sol, puis, plus rien à nouveau. Les clients ennemis suspendaient leur course vers les lignes françaises. Ou alors, colère ! D'un coup, le grand tintamarre recommençait. Les fusils-grenades dinguaient quelques bordées à toute vapeur, à toute casse ! Le crapouillotage faisait rage. Grenades, queues de rat, tortues, tout y passait.

À bien écouter le barouf, il semblait qu'on continuait à se battre devant chez Schnutzendorf. À sa porte.

Au bout d'une demi-heure, aucune fusée éclairante n'avait dévoilé la position Capdebosc.

Les tirs d'armes automatiques s'étaient tus à leur gauche. Sinistre fatigue ! Mauvais augure ! Oncle Schnutz était sans doute à court de munitions. À moins qu'il n'ait déjà avalé son livret militaire.

42.

— *Trink ! Grüss Gott !*

— *Zum Wohl !*

De libations en libations, le Kaiser était un peu parti. La bière le rendait méchant. Il allait être trois heures du matin.

Il s'était dressé sur son siège. Les généraux à croix de fer l'avaient imité. Ils avaient claqué des talons. Ils avaient porté un dernier toast en l'honneur de Sa Majesté l'Empereur.

Ce dernier s'était essuyé la moustache.

Les applaudissements de l'état-major avaient crépité.

— Et maintenant, si on allait un peu pincer le cul des Français ? avait proposé sa gracieuse majesté des armées. Les faire danser avec une petite berceuse rémoulade ?

Un quart d'heure après, guilleret de trilles et d'arpèges, par ses trois cents bouches refroidies et son anus en acier Krupp, il avait lâché ses premiers pets et grumeaux.

Septième couplet

LES CHANDELLES NOIRES DE LA TERRE

43.

Le bombardement avait repris un peu après trois heures du matin. Il affichait une violence inouïe. Il passait momentanément au-dessus de la position Capdebosc.

Ouisss ! Ouiss ! Les obus voyageaient dans la nue. C'étaient des furieux.

Braoum ! Wraoum ! Ils martelaient la terre. Éclatements. Tremblement du sol. Sifflements dans l'air. Fumée. Asphyxie. Les explosions se succédaient sans discontinuer.

Cinq minutes plus tard, à revers de la salle de bal, comme une réponse, d'autres projectiles arrivaient. Leur but était la ligne que figuraient les tranchées des positions françaises. Le bombardement était méthodique. Il avait commencé à cinq cents mètres à gauche et en arrière des tranchées occupées par le boulanger et ses hommes.

— Ce sont les nôtres qui tirent ! Ça vient de chez nous ! Bonguieu ! c'est ce péteux d'aspirant qui nous arrose !

— Saucisse à pattes, cézigue ! Y va nous dégommer !

— Ça va faire rouge dans la famille !

— Baissez l' pif !

— Le « Ponts et Chaussées » y met tout son jus !

— Il pense qu'on est encore dans les *creutes* !

— Enfoirure d'artiflot !

— Face d'haricot !
— Mal venu !
— Nez de bœuf !

*
* *

Les munitions françaises martelaient rondement le dos de la colline. Elles venaient au passage de soulever des tombereaux de terre, de culbuter Arnaud et de l'envoyer paître sur un cadavre en décomposition.

Aveuglé de mouscaille, à demi enfoui dans le pétrin des croûtes, l'as de la cambriole, l'élégant aristocrate, se débattait au milieu d'un sabbat de chiasse et de pâtées atroces. Le bombardement continuait à sonner le tonnerre, remontait l'enfilade des galeries et des entonnoirs existants, fracassait menu l'alignement des gabions, des rondins. Par paquets de six obus, les salves se déplaçaient vers la crête, battant successivement tous les points du terrain.

Insensiblement, elles se rapprochaient des positions Capdebosc.

*
* *

Maintenant, il faisait affreux dans la tranchée où étaient terrés les trois amis. Avec une poignée de territoriaux, deux trois Sénégalais, Matabian, Lemoine, Boutru, Chevillard et Charpaillez, la main crispée sur le lebel, partageaient avec Montech, Korodine et Ramier le grand coup de pilon sur la cafetière. Ils recevaient d'un dos raide la trombe de feu qui leur tombait du ciel et menaçait de les enterrer.

Les petits chasseurs étaient raides à blanc, panés sous leur boîte à poux – mouisards, abrutis, ratiboisés vifs. Morfondus pour ainsi dire. Unis par la tremblote, il vivaient sous des pans de terre qui dégringolaient sans arrêt. Les sens portés au paroxysme, ils se renfonçaient sous les pèlerines, les manteaux. Les nuques étaient lourdes, les épaules trempées. Chevillard avait étoilé ses carreaux. Lemoine contemplait son bras qui pendait. Le sang coulait par la manche. Montech attendait immobile que la destinée choisisse. Malno Korodine faisait des yeux étranges en écoutant le meuglement des obus. La terre retournée sentait l'éther. Même le sergent boulanger mangeait son poing.

*
* *

Bazar sans précédent. Capharnaüm total.

Intolérable usure qui vide les tripes.

Qui fauche les jambes.

Ramier, de temps en temps, essayait de remettre un peu d'ordre dans le boyau. Montech avait perdu sa musette, les lettres de sa femme. Matabian, ce con, disait que c'était pas bon signe. Qu'il fallait qu'il remette la main dessus. C'était farce de voir le viticulteur fourrager dans la boue au milieu du chambard, brandir soudain un ruban rose, une faveur, et se jeter au sol pour compter une flopée d'enveloppes du même format. Insensible à l'embistrouille générale, aux pélots qui éclataient dans la cambuse, il ne voyait plus que le dessous des choses, l'écriture belle, haute, déliée et régulière de sa femme sur le papier, il courait à quatre pattes, il répétait Pauline ! Pauline ! étranger au barouf, récupérait ses faffes, ses cartes postales et ses lettres de dessous les croquenots de ses collègues, il râlait de les voir couvertes de boue, maculées, cloutées, soulevait les jambes d'un grand crouni sénégalais qui venait d'être cassé net par un éclat d'obus, piquait sa putain d'enveloppe bleue d'entre les guibolles du gars, poursuivait sa quête alors que tout volait en éclats derrière lui. Dérouille intense et générale. Autour des grivetons, tout foirait, tout choppait – bois, fer, alu, fourchettes, flingots, tôles, musettes, bidons, bonshommes –, tout biscornait, boitait, butait, sautait, tournait, giclait au sang, s'ouvrait d'un seul couac, ça branlait infernal, ça devenait du vrac. Du dispersé. De l'émietté. Du quatre fers en l'air. Du soufflé vers le haut.

C'était tel, hallucinant ! de temps en temps, un chasseur, un zouave, filait aux nuages. Frappé de plein fouet, il était soulevé. Il filochait au milieu des copains, taillé en gouttes de sang, partait en escalopes, avait rambot en trois pirouettes avec le conducteur du grand ramdam, se volatilisait dans les noires fumées, assaisonnait ses copains de sa flaque, de ses viscères. Les poilus plongeaient au creux du creux du sol. Pas question de surnager, de crâner, de le faire à l'estome, à la voilette, au chichi, au courage ultime, tout était vaporisé, tout bondissait, saupoudré dans les échos du vacarme.

C'était horrible et désolant. C'était la mort sans resquille et sans fard.

À l'autre bout de la tranchée, des fantômes de camarades s'abattaient, tournoyaient sur le sol noir.

Sans un soupir, la plèbe, la grivetaille, la fantasserie, la viande à asticots trinquait au fer chaud.

Des douzaines de petits poilus glissaient à la dorme éternelle.

44.

Soldats ! Jolis soldats !

Bleusaille, biffins du premier rang ! Rescapés ! Escadrons de mouches ! Zasticots ! Sergent ! Les gars ! Mes petits pères ! Z'amis tirailleurs ! Le jour vient de poindre.

Écoutez ! Écoutez, le silence !

Écoutez la campagne qui se repose dans le gluant et dans l'embourbe ! Fosses à purin, jus des combattants, charognes dans les trous, monticules fumants, la terre hérissée de ferraille s'essaye à digérer le trafalgar fantastique que les hommes lui ont fait subir pendant la nuit.

Écoutez ! Reconnaissez le vol de l'oiseau noir qui plane sur le désordre, le chaos et le vide !

Pas un coup de vent, pas un souffle d'air.

Le rapace fait cercle au-dessus des têtes. Il huit, puis se volatilise dans la nue.

*
* *

Une pluie fine et continue s'est mise à tomber sur les pèlerines.

Lemoine regarde Boutru qui vient de lui refaire son pansement.

— J' suis pas mort, comment j'ai bien pu faire ?

Personne pour lui répondre.

Ils se regardent.

Trente hommes à peine, une poignée d'hébétés, attendent. L'arme au pied, la baïonnette au canon, appuyés sur leurs lebels, arqués dans la gadoue, leurs godillots bruitent la flotte. Mouillés à tordre, ils attendent.

Ils attendent, ils attendent.

Pas un qui moufte.

*
* *

Ils ont bu jusqu'au bout leur bidon. Gavés de grosse vinasse, de saute-parapet, de pousse-au-crime, ils sont en proie à une mélancolie pensive. Ils farfouillent dans leurs doublures, ils cherchent leurs secrets, ils ont plus de guibolles. Personne ne trouve la force ou l'envie de parler. Les plus endurants ont l'enfer au cul et la pine toute petite.

Capdebosc, Charpaillez, Montech, Ramier, Korodine, Favard, frissonnent dans leurs frocs resserrés, mouillés à tordre. Ils déglutissent. Ils renfouinent leur colère impuissante. Ils s'observent avec un scrupule parfait. Ils se font un petit signe.

Ils grelottent en scrutant le devenir du jour incertain qui dessine la pente et le relief de cette colline qui sera leur tombeau. Pitoyable troupe de chair, viande à boucherie attachée au piquet, ils se préparent au carton, à la balle perdue, au coup de couteau dans le ventre, à la déboulinade absurde, à la grande culbute jusqu'au fond du gouffre où ils se mêleront à l'immensité de la matière inerte.

45.

Ramier fourre son doigt dans son nez.

Il frotte, farfouille et lève une crotte. Il la retire de la corne de l'ongle. Il la tournaille machinalement. Entre pouce et index. Il la tournaille, il la façonne. Il la maçonne en une boulette.

D'une chiquenaude il l'expédie devant lui. C'est un vieux truc. Une habitude qui remonte à l'école primaire. À l'époque où le gosse était relégué près du poêle et où le regard myope de M. Declercke, instituteur à Liévin, passait sans s'arrêter sur sa frimousse de mauvais sujet.

— Dictée d'abord ! Grammaire ensuite !

Enfant révolté. Cancre désigné. Ramier était alors un gosse sorti de l'Assistance publique.

Le gamin, abandonné par sa mère, avait été adopté par la famille Maupetit. Des gens bien méritants. Des gens de là-bas, à la lisière de la cité, logés au coron de la fosse numéro 4. Lui, Albert, un colosse descendu sur le carreau de la mine à quatorze ans, elle, Zvetta, une femme d'origine polonaise, une blonde cendrée aux cheveux pauvres, aux yeux délavés, aux avant-bras si maigrichons qu'on se demandait comment elle faisait pour soulever son seau à charbon ou même seulement pousser la wassingue sur le carrelage de sa petite maison qui était propre à lécher.

N'empêche, le gosse Maupetit, c'était du chiendent. Les femmes du coin se le disaient quand elles se voyaient le matin, aux courses et jacassaient d'un rayonnage à l'autre, chez l'épicier des *Docks de l'Artois.* Il était rebutant. Difficile à aimer. Impossible à dresser. Rebelle des cheveux aux galoches. Même l'instit hésitait à lui parler tellement qu'il répondait.

Il vous recevait toujours de travers avec ses grands yeux bleus, sa morve au nez, son air de dire merde. Il était à personne. Il obéissait pas. Pour un rien, il marchait sur les mains. Il jouait aux billes. À la poursuite, à la vipère, aux capitales. Il échangeait une agate contre quatre en terre. Il organisait des courses de hannetons sous les marronniers. Il avait un corbeau apprivoisé dans sa chambre. Pendant la leçon sur les Nouvelles-Hébrides, il se branlait derrière son casier.

*
* *

Pourtant, son père était un brave homme. Un mineur de fond, une vrai, un haveur qui, mieux que quiconque, savait saigner la veine au bon endroit. Un ouvrier d'une force exceptionnelle qui montait à la taille sur un rythme entêté et s'avérait capable d'abattre la houille de la pointe de sa rivelaine pendant huit heures de rang. Un de ces forçats mouillés et grelottants qui cantinait les cent sous en argent qu'il avait devant lui, et mangeait ses pommes de terre et son hareng en silence. Un colosse qui rêvait d'un monde plus juste. Socialiste dès 1905, tout comme Capdebosc. Un « rouge » qui jurait par Jaurès et crachait bleu la poussière de charbon. Un ch'ti qui chérissait sa femme et son gosse et jouait du piston dans la fanfare des Houillères.

Il fallait le voir les jours de fête au patelin partir à l'ducasse, briqué comme un sou neuf, vêtu d'un costume noir, coiffé d'un chapeau à larges bords, les pouces au gousset du gilet pour bien faire valoir sa belle montre en or à remontoir. Il faisait son entrée à l'estaminet pareil à un prince. Albert ! on lui disait, t' es beau comme un patron ! Alors, tant qu' t' es serré dans *tin biau linge*, dis nous *'core une fois*, c'est pour quand cette lutte finale ? Il haussait les épaules. Il disait, riez pas, tas de mécréants. C'est pour bientôt. On partagera les richesses de la terre ! Y en aura pour tout le monde ! Il ramassait une botte de fléchettes sur le bord du comptoir et les lançait sur la cible avec adresse.

Un jour, à Saint-Paul-sur-Ternoise, sur le beau parquet de la brasserie « Le Progrès », on dit qu'il avait bu douze demis sur les douze coups de minuit. Soi-disant qu'il s'entraînait pour arroser le Grand Soir.

*
* *

À dix-sept ans, le gosse Maupetit était costaud. Bien campé sur des jambes assez courtes, il était infatigable et galopait volontiers par la campagne.

C'était toujours du chiendent. Il avait raté deux fois le certif. Il ne savait guère lire. Pas d'avantage compter, mais il savait nager, monter à bicyclette et faire le double saut périlleux arrière.

Il n'avait pas voulu descendre gratter le charbon au fond des entrailles de la terre. Il avait refusé le travail en usine. Lui, son plaisir, c'était la lumière. C'était le ciel changeant. L'eau courante des rivières, les remous mystérieux entre la chevelure des herbes ondulantes. Il avait découvert avec bonheur le silence, la rigueur, presque la religiosité de la pêche à la ligne. Pour servir ses desseins, autrement dit s'éloigner des chemins battus, il utilisait la bécane et la barque de leur voisin, un herscheur d'une quarantaine d'années qui crachait le sang de la silicose et venait de quitter le carreau de la mine.

Comme il passait d'interminables moments à dériver sur la Scarpe, le jeune Guy parlait plus aux bêtes qu'aux gens ordinaires. Il possédait peu d'amis et s'adressait souvent à lui-même. Or, un jour qu'il parlait seul, on l'appela au secours et il eut la chance de sauver une jeune femme de la noyade.

*

* *

Elle était belle. Elle avait l'air sévère. Son lourd chignon s'était ouvert et ses cheveux s'étaient dénoués. Il la contemplait, étendue au fond de sa barque. Les yeux miclos, les pommettes hautes, le teint d'une pâleur alarmante, elle dégorgeait de l'eau avec une dignité, une raideur de momie.

Il dénoua sa guimpe de velours aubergine et vit que son corps était rigide comme un bois de flottage.

Il défit sans hésiter le boutonnage de sa robe grise. Il délaça son corset, il posa sa bouche sur la sienne et essaya de lui rendre le souffle.

La noyée pinça le nez et s'étrangla. Elle vomit et déposa de l'écume, du fiel et de l'herbe jusqu'au tréfonds de la gorge de son sauveur.

Il ne s'en offusqua pas.

Il ne se posa même pas la question de savoir pourquoi il trouvait naturel qu'une si abrupte intimité se fût glissée entre eux.

Elle ouvrit les yeux et lui demanda où elle était. Il lui

trouva des yeux d'antilope et son cœur sauta un battement. Il lui dit qu'elle était tombée en de bonnes mains et qu'il s'appelait Guy, pas besoin de s'en faire. Il sut alors qu'elle se prénommait Emma, qu'elle avait trente ans et qu'elle était institutrice.

Lorsqu'elle découvrit que son torse était nu, elle poussa un cri bref, à la sonorité désarçonnante. Elle croisa ses longues mains sur sa poitrine semi-désertique et murmura qu'elle ne s'était jamais déshabillée devant aucun homme.

Il la revit. Il tenait à la revoir. Elle possédait un intérieur sombre et bien rangé. Des cuivres luisaient sur l'étal des crédences. Une horloge battait le temps. Elle lui cuisait des flamiches et lui offrit un livre dont elle lui récita le début et qui commençait ainsi : « *Dans la plaine rase, sous la nuit sans étoiles, d'une obscurité et d'une épaisseur d'encre, un homme suivait seul la grande route de Marciennes à Montsou, dix kilomètres de pavé coupant tout droit, à travers les champs de betteraves.* »

Elle constata qu'il ne savait pas lire et que Zola, pour le moment, ne lui serait d'aucun intérêt.

Elle lui apprit la lecture et l'arithmétique. Elle le repêcha en écriture, elle le soulagea en orthographe. Elle lui accorda sa compagnie chaque fois qu'il en manifesta le désir. En l'espace de deux ans, il put accéder au treizième livre des *Rougon-Macquart* et rencontra son héros en la personne d'Étienne Lantier.

Dès lors, glacé par une sorte d'appréhension quasi religieuse, il regarda partir son père pour la mine avec la peur au ventre et pour être témoin de la lutte engagée au fond des galeries par les hommes, n'eut de cesse qu'il fût avalé à son tour par le puits.

Un matin gris, avec les autres mineurs, il s'engouffra dans une cage qui sombra dans les ténèbres et s'enfonça sous terre dans un glissement de ferraille malmenée. Les parois du puits, derrière le maillage du grillage, défilaient. Tout au long des heures, il apprit à se diriger dans la mine. La gorge arrachée par un raclement profond, il cracha comme ses camarades. Simple patte du mille-pattes humain, insecte fouissant dans la roche, il se retrouva au centre de la sauvagerie d'une vie souterraine qui grondait de toutes parts. Avec une force nerveuse, il s'échina à pousser devant lui une berline emplie de charbon. Noir de poussière que sa transpiration délayait, il lutta pour s'habituer à l'obscurité. Les yeux blancs, les muscles raidis, il suait, il haletait, il s'esquintait sans une plainte, laissant monter en lui la certitude de sa révolte.

Jamais il ne s'habituerait aux ténèbres. Il était fait pour regarder le ciel ! Il était fait pour démonter et comprendre les rouages du monde. Il était remonté pour dire non ! Il ne se laisserait jamais confiner en esclavage, il n'admettrait jamais qu'on le réduise à l'état somnambulique de ces pauvres bourriques aveugles, de ces vieux chevaux à la chair lasse, de ces haridelles aux reins maigres, qui finissent tout au bout d'un va-et-vient incessant par s'effondrer d'épuisement au fond de la mine, ahuris, galeux, terrassés de vieillesse dans les brancards du charroi.

Guy vengerait le bonheur. Il le revendiquerait. Il se battrait pour garder les yeux ouverts. Il se ferait prêter des livres. Il lirait d'autres histoires. Il se fourrerait plein de mauvaises pensées dans l'esprit.

L'esprit était inattaquable. Il donnait des forces insoupçonnées. Guy Maupetit voulait le plus vite possible remonter à la source de ses curiosités. Il voulait rendre visite à Emma.

Au sortir de la fosse, en longeant les murs de brique

du coron, il laissait monter en lui son enragement. Il courait. Il ne s'était même pas débarbouillé.

Il frappa à sa porte. Elle venait de rentrer de l'école. Elle lui ouvrit.

Avec l'emportement d'un homme qui vient mendier du pain, il franchit le seuil et balbutia des lambeaux de phrases qu'il avait préparées.

Elle lui offrit une chaise. Il poursuivit son monologue. Il dégoisait, il dégoisait. Elle le lâcha des yeux et s'en fut se camper devant une fenêtre.

Épouser l'instruction ! À toute allure, le garçon poussait ses feux. Elle l'entendit dans son dos renverser sa tasse de café sur la toile cirée. Il jura puis la demanda en mariage.

Elle refusa fermement ce projet stupide, arguant de leur différence d'âge. Elle lui fit chauffer l'eau pour un bain, qu'il puisse se décrasser.

Elle promit de lui procurer des livres. Elle donna un coup d'éponge sur la toile cirée. Puis le silence tomba. Il s'était endormi dans son bain.

*
* *

Il continua à la fréquenter. Il lui apportait en offrande le produit de sa pêche. Ils jouaient au trictrac et au jacquet. Il la faisait rire bien que ce ne fût pas sa nature. Elle commença à le tutoyer. Elle le suppliait d'apprendre un métier. Il relisait Karl Marx pour la troisième fois. Elle militait pour la cause des femmes. Il s'inscrivit au parti socialiste et défila le poing levé aux côtés de son père. Il entra comme simple ouvrier dans une tréfilerie.

Là-dessus, Emma accepta sa nomination à un poste de directrice d'école maternelle en Bourgogne et l'on aurait pu imaginer qu'elle venait de signer la fin de leur relation si l'entêtement du garçon n'avait pas transformé son attirance pour la maîtresse d'école en un tropisme dévorant. En une passion si forte qu'un jour de mai, il sauta dans un train et débarqua à Auxerre-Saint-Gervais.

*
* *

Un an avait passé. Il s'était précipité chez elle. Elle habitait place Saint-Nicolas, à l'ombre de la cathédrale. Elle l'avait accueilli sans un mot. Des cernes brunâtres soulignaient son regard. Ses yeux d'antilope prenaient toute la place dans son visage effrayé par la clarté du jour. Elle prenait appui contre le mur, froide comme une bougie éteinte. Elle avait maigri. Elle était très faible. Son teint blafard disait la hauteur de son mal.

Il commença à la soigner avec dévouement. Elle fit plusieurs séjours à l'hôpital. Il avait pris un emploi chez Guillet, une fabrique de machines-outils à Auxerre. Ils passèrent l'hiver 1913 à se tenir par la main. Au printemps quatorze, elle lui sourit pour la première fois depuis une éternité.

Il l'emmena sur sa barque. Ils se laissèrent dériver sur le courant de l'Yonne. En l'espace de deux mois, elle reprit des couleurs. Ils n'étaient toujours pas mariés.

— Nous n'avons pas eu le temps, disaient-ils.

Le 4 août 1914, quatre jours après la mort de Jean Jaurès, la guerre avait frappé à leur porte. Emma conduisit Guy Maupetit à la gare de l'Est.

— Adieu, Ramier, lui dit-elle en l'appelant par son surnom pour la première fois.

*

* *

Ramier : grand pigeon des champs qui se branche et se rengorge au soleil. Aux heures chaudes, cet oiseau dodu, au jabot bleu, au plumage gris et rose, vole rarement. On entend plutôt son roucoulement paresseux au fond des forêts fraîches. Par extension, on notera l'expression « n'en pas fiche une rame ». Autrement dit être cossard. En Bourgogne, on dit également : « C'est un ramier », pour signifier c'est un partisan du moindre effort. D'où le sobriquet de Guy Maupetit, « Ramier », injustement attribué par ses collègues d'usine à leur camarade qui pratiquait volontiers l'art de la sieste aux heures d'atelier... parce que le reste du temps, il veillait sur Emma. Parce que le reste des heures était consacré à celle qui avait tendu la main à un petit gars de l'Assistance...

*

* *

D'un index rapide, le première classe Maupetit fouille sa fosse nasale. De la corne de l'ongle, il tire une petite bourbe, une crotte, une crasse et la tourne vivement entre pouce et index. Il lui confectionne une allure de boulette. Il la durçit, il la maçonne.

— Ramier ! Ramier ! demande une voix insidieuse, presque angoissée, à l'oreille de l'ajusteur, à quoi tu penses ? Où donc tu es ? C'est l'heure de la broche ! On va tirer du sang ! Secoue-toi, camarade ! Je t'ai vu partir ! Je t'ai suivi un moment dans tes brumes et après, je t'ai perdu ! Où donc es-tu ? Je te reconnais plus !

Maupetit ne répond pas tout de suite. Il se détourne avec lenteur et découvre Charpaillez.

Il fixe son regard sur le petit caporal qui barbote dans sa peur, qui poisse dans sa solitude, qui cherche une parcelle de vie dans l'énergie des autres et lui répond :

— J'étais sur une barque. Juste au-dessus d'un herbier noir.

Puis, d'une chiquenaude adroite, il catapulte sa crotte infecte, sa fouillure de nez, sa décousure de mucus, dans le blair de l'autre.

Mince, à l'heure de mourir, si c'est pas de la fraternité !

46.

Dans les abris, dans les tranchées, du côté allemand, les visages des hommes sont graves et énergiques.

Dans les entonnoirs, dans les trous d'eau glacée, en avant de la première ligne, tapis dans les bossellements d'un terrain qui s'étend à perte de vue, les bataillons d'attaque attendent l'heure H, groupés par compagnies.

Comme leurs ennemis, ces hommes sont emplis de crainte mais ils savent qu'ils doivent lutter contre la peur. Ils sont jeunes et vigoureux. Certains auscultent le lugubre rideau du jour qui point avec un rictus de doute et, sous leur envie passionnée de vivre, perce une appréhension terrible.

Les autres, la plupart – d'un seul cœur, à pleins gosiers, à pleins poumons – sont prêts à jaillir devant eux, à s'élancer d'un élan hardi qui va à l'encontre de toute prudence. Ils sont gonflés aux boniments. Endoctrinés par le vocabulaire mystique de leurs chefs. Mûrs pour foncer à la zigouille. Pour entreprendre le grand voyage hagard vers le danger.

« *Il est humain que quelqu'un soit dominé par sa faiblesse mais, quand le grand moment sera venu, chaque combattant devra se dresser et se sentir la stature d'un conquérant. Un souffle héroïque poussera chacun à se déchaîner. Le soldat allemand deviendra un homme-loup altéré de sang, doué d'une fureur incompréhensible.*

Divin et bestial, il se transportera dans un monde surhumain. Il submergera l'ennemi et, bondissant au-devant du monde sauvage et sanglant qui l'attend, il imposera sa force et sa brutalité. Pas de retraite et pas de pitié ! Il sera dominé par le désir de tuer. »

Une demi-heure plus tôt, c'est en ces termes de prophète inspiré qu'un jeune lieutenant au visage émacié, les cheveux tirés, avec une allure d'évangéliste et une volonté farouche, a édicté son credo. Il a rassemblé ses hommes autour de lui. Les yeux de cet officier de vingt-deux ans sont perçants. D'un bleu de lac. Il a voulu graver ses paroles jusqu'au tréfonds du cœur de ses jeunes combattants.

Ce lieutenant s'appelle Ernst Junger. Il est volontaire de guerre. Plus tard, il sera un écrivain célèbre. Il commande un détachement d'assaut et milite en faveur de « l'unité magique de l'esprit et du sang ».

Il a dit à ses soldats :

— Nous ne sommes pas des gens ordinaires ! Nous sommes tous prêts à mourir pour la patrie. C'est l'avantage que nous avons sur tout ce qui remplit notre temps. Nous acceptons le sacrifice ! Au moment de l'assaut, je veux que le sang sonne dans le cri strident de reconnaissance qui s'échappera de vos poitrines comme un cauchemar !

Il a dit également :

— À l'heure du danger, je serai avec vous.

Il a claqué des talons. Il pense qu'un officier doit faire preuve d'une virilité supérieure. Il pense aussi que l'honneur et l'esprit chevaleresque font de lui le maître de l'heure.

Il s'est tourné vers son ordonnance, le fidèle Vinke. À brûle-pourpoint, puisant soudain son propos dans sa supériorité jargonnante, il lui a demandé :

— Qu'y a-t-il de plus noble que de marcher vers la mort à la tête d'une centaine d'hommes ?

Le tire-bottes a baissé la tête.

Il a salué son officier. Il est sorti à reculons. Une fois hors de l'abri, il s'est senti comme un homme qui se recolle la tête sur les épaules.

Revenu à ses sens, il a pris par le couloir de la tranchée. Il a couru jusqu'aux tinettes. Vite, il s'est penché vers l'avant.

— Dieu ! Faites que la vie l'emporte toujours sur la beauté des images ! a-t-il marmonné pour lui-même.

Et il a longuement vomi.

47.

Kaiserkopf – le grand, le véridique Kaiserkopf – le vrai, l'omnipotent, le souverain Empereur de tous les pruscos, le monarque des choucroutes, des vents et des pissoirs, l'idole au sourire de bronze, est sorti pour faire les cent pas dans l'aube froide.

Il a boutonné son long manteau.

Il porte son regard sur ses hommes. Il se mange un peu la moustache.

Il reluque la cohorte des corps prêts à jaillir.

C'est vert. C'est noir. Cuir et métal. C'est ordonné. Tout fonctionne.

Quelle belle matinée on s'apprête à vivre !

Il a tiré son petit sifflet en argent de sa grande poche.

Il le porte à ses lèvres glacées.

Il siffle.

Huitième couplet

LE GALA DES BAÏONNETTES

48.

D'un coup, une clameur jaillit à moins de cent mètres. Les troupes d'assaut allemandes s'élancent au-devant des poilus.

En entendant mugir le grondement humain, au fond du trou d'eau où il se trouve, Arnaud de Tincry s'est remis sur ses pattes. Il suffoque, à demi étouffé par la puanteur d'intestins humides qui tartine le drap de sa capote fumante. Il râle au fond de sa cuve à purin et s'essaie à regrimper le remblai effondré.

Une voix de colère partout gonfle. Pas de doute, à un jet de salive devant lui, on s'empoigne. Toute la bocherie déferle. *Strosstruppen !* Galopade alourdie par les armes, interjections gutturales, les grenadiers éclaircissent le terrain. Un peu partout, ça s'est mis à tirailler, les hommes se précipitent au-devant des hommes, les frisés sautent dans les tranchées, à l'inverse, des poilus sortent du ventre de la terre, courent en pagaillant devant eux, environnés de cratères et de nuages épais et noirs, baïonnette au canon, ils foncent sur des ombres qui accourent, ferraillent dans la confusion, eh, les hommes, écoutez ça ! La galopade encore ! La charge ! Les grenades à fusil piaulent sur toute la ligne ! Les petits obus VB fixés sur les lebels répliquent !

Cris de douleur, hans de bûcherons, appels, cris de victoire, les hardis chasseurs, les hommes au filet jonquille sur le côté du pantalon se heurtent aux soldats de la Garde. La vague verte les absorbe. Après le choc, des armes brisées, des lambeaux de vêtements et d'équipements jonchent le sol bouleversé. Les combattants s'engouffrent dans les abris. Nettoyage dans les sapes. Les pruscos déchargent leurs fusils à bout portant, les sens portés au paroxysme, inconscients du hachis de bataille, ils se cherchent, ils se comptent, repartent, les pétards à manche tournoient de nouveau, pirouettes mortelles, les voix s'accordent mal, la bouche chaude d'alcool, délivrés du sentiment de pesanteur, sans plus chercher à comprendre, les soldats des deux camps vont à l'embroche horrible. Féroces, héroïques, ils montent à la fougue ! à la tripaille ! Ça s'enfile, ça valdingue, ça fait mal.

Les souffles partagés trahissent l'épouvante.

*
* *

L'omelette est battue ! La cruelle atrocité s'en mêle ! Au hache-viande, à la grande cuillère, à la gaule, au lance-pierres ! À la battée ! au dru ! à l'avalanche ! à l'écrabouillure ! Tout ça, c'est du feu, maintenant ! Haut les cœurs Korodine ! Allonge, Ramier ! Trombe, cavale, esquive, Montech ! Bonguieu, détale au rif, petit soldat ! Personne ne sait plus ce qui se passe à gauche, à droite ! Pas une pensée dans les esprits, rien qu'un instinct, seulement courir, planquer sa vie.

Les balles sifflent, les balles tracent, foutues seringuées, des visages à peine entrevus se succèdent, apparaissent dans la fumée, pique ! Pique ! Mets-y rosalie dans les miches ! Des êtres de boue, des fous hallucinés, fondus en pleurs, apeurés, hystériques et chiasseux dans leur frocs se présentent au détour d'un trou, au travers de l'écran d'une fumée, le boche, le françoze, halètent, foncent, frappent, raouste ! Prends ça ! L'un d'eux glisse, se retient à l'autre qui le pousse vers le fond de l'entonnoir, l'abandonne à la renverse, titube plus loin à la recherche d'un autre *feldgrau* qui, à son tour, deviendra peut-être son propre bourreau.

*

* *

Plus rien n'existe, hormis la folie. Arnaud de Tincry s'élance à son tour, il veut essayer de rejoindre les siens, il croit voir au loin un groupe de chasseurs, il court, il a abandonné le crapouillot, trop lourd, trop encombrant, inutile, il cavale, évite les trous, disparaît, revient du fond d'un cratère, sa baïonnette précède sa course. L'empoignade nez à nez fait voler la gadoue. Courez faces de pipes et courez dos de musettes ! Les Poméraniens, les Bavarois, mêlent leur sang à celui des Béarnais, des Landais. À la casse, au souffle, au grabuge ! Crah ! Crah ! Bascule dans l'entonnoir ! Un vrai volcan ! Fumées, flots de lave, enterrés vivants, la terre est soulevée par cubes entiers, c'est noir, grenades, grenades pour éclaircir les mitrailleuses ! Où sont les tranchées ? Qui perd ? Qui gagne ? Pourquoi ces cris ? Arnaud enjambe les blessés, trébuche et glisse dans les viscères des morts, il n'a plus peur, il est méchant, entièrement sauvage, sa vie contre celle des autres ! Il souffle. Il suffoque. Et puis, d'un coup, il se trouve face à face avec un sous-officier allemand, tous deux se précipitent au-devant de l'autre, les poumons en forge, impossible de s'éviter, qui embrochera, qui percera, qui passera à la sacagne ? Au coup de saton entre les côtes ? Qui sera mis en sauce ? Qui saignera comme un porc ? Au dernier moment, ils s'évitent mutuellement, Arnaud vient de reconnaître son propre frère sous l'uniforme allemand, Lucien ! Hallucinant ! Impossible ! La berlue ! Les voilà à demi détournés, reniflants, s'ébrouant, partant à la glisse, déséquilibrés, ballet très ingrat, à travers la pluie, s'entrevoir ! Couverts de boue, masqués, méconnaissables, bourrés, foldingues, les jambes en semoule, la frayeur passe dans leurs yeux, comme ça, au milieu du massacre, se reconnaître à peine ! Douter au dernier moment, moitié sourire, moitié rictus, chauds du combat, au fond de la mouscaille, Arnaud aurait voulu insister, l'autre cavale déjà ailleurs, s'est renfourné dans le purin, un grand diable de tirailleur sénégalais surgit, lancé à ses trousses, il fait un bond prodigieux, il brandit un coupe-coupe, la bataille continue, une autre bouille arrive, Arnaud met la pointe en l'air, se retourne, il était temps, l'homme s'envole à la charge, s'enfourche, il est perdu, ses yeux s'égarent, mufle de sang, il est pris par la grande secousse, le sol n'est que chaos, des amas de terre et des trous se succèdent sans lois, l'intervalle compris entre les deux lignes n'est plus qu'une succession d'entonnoirs qui se touchent, montent les uns sur les autres, formant un ravin continu.

*
* *

À bout de souffle, le sergent Capdebosc s'enfourne dans une casemate abandonnée. Partout autour de lui hurle le monstre saccageur. Dans les flammes, dans les fumées, au-dessus de sa tête, des hommes meurent par grappes entières.

Courte pause. Le sergent flaire l'air empuanti.

Il avise un gourbi où tout est retourné, y jette un œil.

À l'exception du cadavre d'un jeune officier prussien, l'endroit est vide et saccagé. Affaissé à même le sol, le blondinet a la gorge tranchée. À ses côtés, une cantine retournée, des livres, des papiers jonchent la boue.

Le sergent cueille une revue ébouriffée. C'est un numéro du *Mercure de France.* Une feuille de papier quadrillé pliée avec soin s'échappe du livre. C'est un poème ou une chanson en français, un texte recopié à la hâte par une plume hésitante.

Capdebosc jette un coup d'œil au refrain. Il déchiffre, moitié boue et moitié sang :

As-tu connu Guy au galop
Du temps qu'il était militaire
As-tu connu Guy au galop
Du temps qu'il était artiflot
À la guerre

En abaissant le regard, le sergent lit sans le connaître le nom d'Apollinaire, écrit au bas de la feuille. Il se demande vaguement comment le poème d'un artilleur a pu finir dans la cantine d'un fantassin prussien.

Soudain, abandonné sur un vestige de table, le téléphone de campagne grésille. Il sursaute. N'en croit pas ses oreilles.

Dans la tourmente là, dans le feu jailli de partout, non loin de la horde qui passe en courant dans la galerie, en marge des lardoires qui sondent les ventres, toute la meute qui dévale, apocalypse grandeur nature, cette sonnerie, ce poème, c'est quelque chose, vraiment ! Il décroche, allô, allô qu'il fait, pas trop fort, surpris de pêcher quelqu'un sur la ligne... En même temps ses yeux injectés de sang dérivent sur l'extérieur. Gerbes ! Grêle ! Grenades ! On est en plein assaut.

Au milieu des gueulantes et des plaintes, il s'entend poser une question singulière.

Un clampin qui lui demande :

— La situation ?

— Perdue ! qu'il répond. Désespérée ! Tout le monde saigne !

À cinq kilomètres de là, dans son QG installé derrière les lignes, le chef de bataillon Rémuzat de Vaubrémont fronce les sourcils. D'instinct, l'officier supérieur réprime un haut-le-corps. Du haut de sa gradaille, il étouffe un peu. Au fond de la mitraille qui pioche, il a reconnu la voix qui lui tient tête depuis quarante-huit heures.

Il croit qu'il hallucine. Il gueule comme ça :

— Vous devez tenir ! Tous les moyens ! Tout en œuvre !

— Z'êtes qu'un sale lard ! lui répond l'autre. J'aimerais vous y voir !

À l'autre bout de la ligne, le boulanger de Bazoches-les-Gallerandes en rajoute... Il se nomme. Capdebosc ! il brame. Depuis sa cagna sous les balles, il hue l'autorité. Il brandit le drapeau noir ! En même temps, il nargue la sifflante. Il essaie de traduire les effroyables images qu'il a sous les yeux. La guerre, écoutez un peu ce que c'est ! il fait. Joyeux banquet autour de moi ! La mort de mes p'tits soldats suffira pas à effacer les froides horreurs que vous avez inventées ! Sitôt, l'officemare a l'œil qui devient petit. Les deux hommes se détestent. Chacun incarne pour l'autre ce qu'il abhorre le plus. Les voilà qui repartent aux aveuglements et se rengueulent affreux.

— Entendez vous-même le potage, mon officier ! Ça flaque partout ! Clameurs atroces !

Le vilain colon entend clair et net.

— Apprenez au moins à mourir, crédié ! il vocifère.

C'est le rempart de vos corps qui nous permettra de trancher la gorge au boucher !

Capdebosc convulse, écume. Saloperie ! Buveur de sang ! J' vous dis que vous pouvez pas toujours insulter la misère de l'homme ! On se torche avec vos mots ! Je vous dis qu'il faut qu'on mette les bouts ! On est p't être plus qu'une vingtaine de lardus à l'heure qu'il est ! On a le cul dans le casque ! Les joues creusées, il en zozote, cafouille, tant qu'il peut plus beaucoup parler à force de découragement.

Rude affaire tout de même de s'entendre dire en plein fatras qu'il faut regarder sans faiblir les immenses perspectives morales du sacrifice volontaire ! Quand tout déboule autour de vous, saute en hurlant, dans les flammes, là, dans le feu jailli, et que l'autre allumé, le cinq galons, continue à déblater en tirant sur sa cigarette anglaise, triste embusqué ! quand il susurre de sa belle voix de basse, je vous vois aux pommes, sergent ! Un brave homme, au fond, je dois soutenir vos âmes ! Je dois user de tous les moyens possibles pour vous empêcher de commettre la lâcheté qui vous déshonorerait !

Capdebosc en peut plus. Il fricasse. Son cœur redouble. Il dit :

— Nique aux barbes ! Je change de pied ! Je le connais moi, l'itinéraire pour mes p'tits gars ! On rentre ! On vous d'mande pas votre avis !

Il lève son flingot. Il en abat la crosse sur le combiné du téléphone. Il décoche de terribles ruades.

La morale, les paroles creuses, les braiments du colonel, il en fait un petit tas de tôle.

C'est tout ce que ça vaut.

49.

Au travers de ses cheveux mouillés par la transpiration, Montech agit, fonce, redouble.

Prompt à la baïonnette, il éclaircit, taille, se déjette, s'acharne. Passe, file à travers, tâtonne dans sa course haletante. Un peu plus loin, grimace. Il déboule dans les remous du carnage. Il tire, il s'efface. Une détente du jarret, il s'envole.

Il franchit les lèvres escarpées d'un cratère, dévale une crevasse, atterrit auprès d'une forme immobile. C'est un Français à genoux. Peut-être bien Ramier. Ils se regardent. Ils se reconnaissent. Ils sont noirs dingues.

Montech hurle :

— Ça éclabousse partout ! Jamais rien vu de pareil !

Prêt à repartir pour la castagne, il ajoute, il hurle dans le vacarme :

— Qu'est-ce tu fous là ?

— Comme toi ! J' suis dans le bouseux trou du cul de la vache !

— Faut dépagnoter d'ici !... Envole ! Décarre !... Tu viens ?

Ramier referme la culasse de son flingot d'un geste bref et informe le caporal :

— Nulle part, je viens !... Je viens plus !

— T'es fou ?

— Prends-le comme tu veux ! Je protège mes roupettes. J'attends la fin de la guerre dans ce trou !

Ils se taisent. D'un coup, autour de l'entonnoir, ça cavale, ça piétine. Ça cogne à la vacherie. Invisible pancrace entre soldats des deux camps. Affreux corps à corps. Salves sauvages et tranchelards enragés. Ça déquille à tout va.

Jumeaux de la nécessité, Ramier, Montech, lèvent la tête, prêts à tirer sur ce qui va bouger.

Après du confus, du ricochet de balles perdues, suffocation très atroce – un corps bascule dans le vide, embroché en plein bide. Il reste les bras en croix, accroché à mi-pente par du barbelé. Histoire de reprendre son souffle, le vainqueur du tournoi saute à son tour dans le trou. C'est Mataveau.

Au sortir de l'action, le vétéran, bientôt cinquante piges, cité trois fois, a encore les yeux qui lui sortent de la tête. Il bave, son couteau de tranchée à la main. Il est marqué à la joue d'une estafilade.

Il accommode sur les deux chasseurs.

— Salut les tétards ! il fait.

— Salut.

— Ça cuve mauvais dehors.

— Mouais.

Le cul dans l'eau, les trois poilus mettent un terme à leurs échanges. Ils gambergent et c'est visible.

— À trois là-dedans, on risque de se faire labourer la bouille par une grenade ! fait observer Ramier.

— Un seul « patard » dans l'encadrure du cratère et on repeint les murs en rouge ! opine Montech.

— Je partirais bien, dit Mataveau après réflexion, mais c'est pas le moment.

Cédant à un réflexe, il se protège d'une balle qui vient

de fouetter la vase. Quand il se redresse, il dit comme si c'était d'importance :

— J'ai rencontré Capdebosc !

— D'où qui s' trouve ?

— En plein pâté de viande, trois trous plus haut ! L'est pas frais, le popotame ! L'a mangé son clairon ! L'est brisé dans sa résolution !

Les mitrailleuses ricanent un moment au-dessus des têtes. Montech attend que ça se tasse. Il secoue le territorial par le pan de sa capote.

— Mais les ordres, l'ancien ?... il gueule. Nous autres ! L'escouade ! Qu'est-ce qu'on fout ?

— Nouzailles ? on s' fait juste nettoyer la gueule ! répond Mataveau sans se retourner.

Montech s'étire, lui secoue l'épaule pour lui faire savoir que tout est pas dit sur la question. L'autre l'écarte d'un geste. Là-haut, le fritz mitraille épouvantable. S'en donne à cœur joie. Arrose.

Mataveau se tasse. Et même, ratatine.

— Ça va mal, il grelotte.

Ramier s'est niché dans la terre. Montech à son tour fait le gros dos. Se planque, nez dans la bouillasse. Quand il relève le casque et se remet en branle, il tire de nouveau le vieux par la martingale de sa capote. Le diogène dégage une mauvaise odeur.

— T'as embrassé le bouc ? il s'inquiète.

Il tire un peu plus sur le manteau du vétéran. L'ancien commence à dévaler la pente. Doucement, il tombe vers l'arrière, bascule, s'affale les bras en croix.

Gémit, bouge plus.

Il a une balle en plein front.

Ramier l'a accompagné du regard dans sa galipette. L'ouvrier est toujours aussi pondéré. Impressionnant de calme, on pourrait dire. Il touche les quatre poils fous de sa petite barbe.

Il transperce le viticulteur de l'onde de ses yeux bleus :

— Si ça t'intéresse... Moi aussi, j'ai vu Capdebosc, il informe.

Un fin sourire éclaire son visage, relève le coin de sa bouche. Tranquillement, il fixe Montech. Ça fait que le Raoul se met encore plus à bouillir de rage :

— Bordel ! Tâche de t' rappeler ! Qu'est-ce qu'il a dit, le sergot ?

— Il a dit un contre cent, la pièce est jouée ! On r'viendra pas !

— Les consignes ?

— Il a dit pas besoin de se faire tuer tous ! Taillez-vous ! Sauve qui peut !

— Crève, boulange ! J' l'avais prévenu, l'intraitable ! Fallait pas y aller, le cœur de lion !

Ramier baisse la tête.

— J' l'ai vu pleurer, tu sais ! C't homme-là !... tu t' rends compte ?... Je suis payé de tout. Je l'ai vu pleurer !

Les deux chasseurs restent comme ça, sans mots.

Fuir le champ de bataille ? Tourner le dos à l'ennemi ? Montech et Ramier hésitent. Ils retrouvent en leur cœur la chanson de ceux qui doutent. Ils fixent la fournaise grésillante, défient la mort qui passe en hurlant à leurs oreilles et écoutent un moment piauler les cris de souffrance des moribonds.

— Cette fois, c'est résolu, marmonne Montech, on est descendus au cul du monde !

— Saleté d'enfer ! acquiesce l'ouvrier. C'est Tincry et Malno qui m'embêtent. On peut pas les laisser là-n'dans !

— Comment tu veux les retrouver au milieu d'un bacchanal pareil ?

— On peut toujours ! On remuera tout !

Montech le dévisage avec un regard égaré. Une envie de vomir germe à sa bouche et menace de lui retourner l'estomac. Puis, refrénant un léger tremblement de ses lèvres :

— Tu vas aller râcler la viande ? Ramasser la boyasse ?

— Foutre oui ! se met à hurler Ramier, quoi d'autre ? Qu'est-ce que tu sais faire d'autre ?

Il se dresse, il est à moitié marteau, il empoigne Montech par le colback et commence à lui serrer le cou avec l'énergie du désespoir.

Ils se mettent tous deux à gueuler des choses horribles, avec une bouche d'écume ils s'insultent, submergés de folie, incapables de retourner dans la compote, tandis qu'au plus près d'eux on s'embroche, pendant que d'un étirement de baïonnette on s'étripe, pendant que Capdebosc continue à rassembler les survivants...

50.

Cagoulé de boue, le sergent sort d'un entonnoir, rampe comme une vieille chenille, entrevoit Charpaillez, au milieu de beaucoup de bruit forcément, il hèle le maigrichon, lui gueule qu'il faut sortir de la folie jean-foutre, que ça sert plus à rien de se faire planter le ventre par une aiguille à tricoter, il fait signe aussi à sa gauche et rallie le petit Favard qui, à une vingtaine de mètres de là, avance dans le brasillement d'une casemate à demi consumée.

Finette redresse la tête au moment où une grenade à manche tape dans le monticule, provoque un torrent de poussière. Capdebosc, instinctivement, se jette au sol. Lorsqu'il se redresse, il entrevoit le petit griveton dans les fumées. Ça brasille âcre autour de lui. Trop occupé à respirer, à trouver de l'air, le gosse lui répond pas, même s'il est vivant. Le visage constellé d'écorchements menus, il tousse, crache, renifle renâcle et quinte. Ça c'est de l'effort ! Il a tournoyé dans les gravats et maintenant le voilà presque d'aplomb ! Bonne race, le gamin ! Il s'époussette, il éternue, atchoum ! ça lui vient du fond de la boule, il éructe à cent à l'heure, se rehisse d'équerre puis, soudain, prend l'air surpris, s'agrippe au vide, renifle un profond coup et ouvre la bouche. Ses yeux s'agrandissent, c'est pas du rêve qui lui rentre dans la tête, non, le petit Favard se dresse sur ses ergots à molletières, il n'a pas poussé le moindre cri, pas ouf, il se cambre, il élève de terribles bras, seulement alors, Capdebosc aperçoit le soldat de la Garde qui le soulève par les reins, le dresse comme une gibelotte au bout de son mauser emmanché d'un long couteau, le remonte branlant avec une force énorme, tisonne le gosse de son acier pointu, plonge dedans encore, remue bien, grosse saloperie, sacré fumier, s'apprête à expulser le pauvre petit d'un coup de botte dans le dergeot, le pousse sur le fil de sa broche, le fait avancer comme une feuille de salade, l'envoie buter sur le dos et s'apprête déjà à lui entonner un autre coup de tranchelard par-devant, en plein bide, quand le gros revolver du sergent aboie et sursaute, décalotte en plein nez l'affreux boche. C'est tout blanc et ça sort de la calotte crânienne, comment est-ce qu'il peut continuer à être enragé ?

Capdebosc poigne son arme, il ferme les yeux et il tire encore, encore et encore.

*
* *

La mort est partout, elle devient une rengaine !

Elle tranche, elle pique, elle assassine ce qu'elle a de plus beau, le sergent en a marre de la force, il hurle, il ne fait plus rien pour dominer ses agresseurs, il gueule piège à cons ! Il vocifère c'est foutu, on va tous y rester ! Il commande battez la route ! Il regarde la terre à ses pieds, d'un coup de talon, il repart, il marmonne des trucs pour lui tout seul, il est halluciné, il bredouille entre ses dents, nous qu'on doit plus être qu'une dizaine à tout casser ! À peine trois sidis, là, dans les trous d'eau, et deux tirailleurs qui marchent au coupe-coupe ! On est cuits, on est beurrés !

L'air chabraque, il circule au milieu des corps qui râlent, la vague d'assaut est passée, il ne sait plus contre qui il doit tourner son arme, à genoux sur le corps du petit Favard, il insulte la guerre. Charpaillez l'attrape par le coude. Il le relève. Il l'entraîne au milieu des corps saignants.

— Viendez, sergent !

*
* *

En descendant la pente, ils croisent quelques ombres qui errent entre les cadavres aux lèvres blanches. Pour échapper à un tir, ils sautent dans un trou.

Ils ont l'impression d'arriver une fois de plus aux limbes d'un monde où la vie et la mort se confondent.

Réunis par un baiser un Français et un Allemand s'étreignent au fond de l'entonnoir ! Capdebosc et Charpaillez se cramponnent à mi-pente, fascinés par l'étrange statue de glaise formée par les deux hommes.

— Le baiser à la mort ! chuchote Capdebosc.

Soudain, à contresens de l'anéantissement des êtres et de la corruption des chairs, un fantôme bouge et se sépare lentement du corps affaissé auquel il était pour ainsi dire noué. De surprise, le fusil de Charpaillez vient de lui échapper des mains. Au heurt de la crosse sur un casque qui a roulé là, le spectre lève vers les intrus son visage masqué de boue.

Au fond du loup informe, pétri de terre et de débris humains, tissé de sang et de mouscaille, quelque chose d'un archange atroce se dessine.

Le cœur de Capdebosc bondit dans sa poitrine. Il vient de reconnaître de Tincry.

Arnaud se détache du cadavre du *feldwebel.* Peut-on

s'enfoncer plus loin dans l'indicible et dans l'horreur ? Après le passage du tirailleur sénégalais qui le précédait dans sa course, il a trouvé Lucien, les yeux ouverts. La bouche ouverte. La main ouverte. Sa gorge offrait déjà ce vilain sourire, tracé par le coupe-coupe.

Arnaud pose son regard sur ses compagnons. Il est trempé du sang de son demi-frère. Imprégné de son odeur. Une étrange lueur prend feu derrière ses prunelles. Des choses mystérieuses se lisent dans ses yeux enfiévrés de crainte et de défi. Il reste silencieux et se laisse faire lorsque ses camarades l'emmènent loin de l'odeur douceâtre qui sature le trou de ses effluves de fleurs fanées.

*
* *

Cent mètres plus bas, à l'abri d'un ressaut de calcaire, il leur fait signe de s'arrêter. Son corps est tout raide, tétanisé. Il s'embrouille dans des mots qu'on n'entend pas. Surtout, il se dévisse la tête.

Il regarde ses mains, ses avant-bras, il hume l'étoffe de sa capote souillée de merde. Il reste béant là, les bras écartés, pas regardable, pas respirable, conscient de son infection suprême.

Capdebosc et Charpaillez sentent passer sur eux l'haleine empuantie de leur compagnon, ils entendent sa voix rauque qui leur souffle :

— Avant de rentrer, lavez-moi, les copains ! Lavez-moi ! Pissez dans vos mains ! Pissez-moi dessus ! Nettoyez-moi ! Nettoyez-moi, s'il vous plaît ! Nettoyez-moi bien !

Il les regarde avec des yeux de supplicié. Il s'est placé en pleine lumière comme pour se faire bien voir. Lui-même urine dans ses paumes.

Il frotte, il frotte.

Il ferme les yeux. L'instant d'après il entend le bruit d'urine de ses compagnons qui se répand au sol.

Un silence. Un frottement de vêtements.

— Merci, oh, merci ! s'écrie-t-il.

Son visage leur sourit sous le filtre de boue. Il est la promesse d'une paix égale à l'égarement qu'on sent dans tout son être. Capdebosc et Charpaillez se taisent. Est-ce qu'on pose des questions à un arbre renversé ?

Ils savent qu'ils viennent de participer à quelque chose de plus terrible que le dégoût ou la terreur, quelque chose qu'ils ne sauraient qualifier ni l'un ni l'autre mais qui a une parenté avec un bruit d'agonie sous la voûte du monde.

— Ça va ! grogne le sergent. On y va !

Neuvième couplet

LA FINE BLESSURE

51.

Après, avec une lourdeur de brutes, ils ont dégringolé la pente de la colline. Ils ont pris pied dans le réseau de boyaux qui allait les conduire jusqu'aux secondes lignes, puis jusqu'au cantonnement.

Le dos rond, la bouche cousue, les trois soldats étaient partagés entre mauvaise conscience et surexcitation. Ils avaient sauvé leur peau mais ils avaient enfreint les consignes. La démarche molle et cahotante, ils s'éloignaient de l'empoignade. Ils avaient les épaules affaissées.

La fatigue les plombait. Elle les empêchait de se réfugier au sommet des vibrants sentiments qui leur traversaient pourtant la tête. Ils gambergeaient. Ils se sentaient pesants et amers.

Il n'y a pas d'homme capable d'être continuellement brave.

*
* *

Capdebosc allait en tête.

L'arme à la bretelle, en avançant à la façon heurtée d'un automate fourbu, il remâchait son cauchemar personnel.

De façon obsessionnelle, la voix furibarde de l'officier de haut rang qui l'avait tenu au bout du téléphone pendant la bataille reprenait possession de sa cervelle. L'envahissait toute. Elle y dansait en reine. Elle y pérorait. Le rendait frappadingue. L'invisible cocardier d'état-major clabaudait toujours aux oreilles du pauvre sergent.

Vilain gueulard, le colonel Maxime Rémuzat de machin chouette remettait ça. Il en avait après le boulanger. Il lui parlait de sacrifice. Il lui faisait obligation de vertu ! Lui parlait du frisson des drapeaux, de l'esprit de devoir, du triomphe de l'héroïsme sur la douleur ! La farce était énorme. Non mais d'un culot ! Quand Théophile y repensait ! Parler de pureté parfaite à des soldats écrasés sous les bombes et la crapouille, à des parias rongés de poux, mitraillés fin, embourbés, lancés deux fois à l'embrochage en vingt-quatre heures ! Et il aurait fallu dire merci en prime ! Merci à la France ! Au cher pays, aux vieux chênes, aux généraux cacochymes, aux exécuteurs hiérarchiques ! Ajouter la hardiesse, le courage, le désintéressement, à la probabilité du tranche-gorge ! Échanger tout contre rien, troquer la vie, en somme, contre une fosse commune. Non mais, le vice ! Bonguieu, le vice !

Capdebosc en était toujours aussi retourné.

*

* *

Ça ! Il avait bien du mal à digérer la répugnante pâtée qu'on avait voulu lui faire avaler !

Il en reniflait rauque. Il en avait des palpitations. Plus fort que lui, il entendait encore grésiller la voix du colon dans l'écouteur quand ce dernier s'enivrait d'excitation guerrière. *On devra mourir sur place plutôt que de reculer !* qu'il crépitait, cézigue, l'infâme gogol ! Était-ce à dire que le sergent aurait dû plier sa chemise sur le champ de bataille ? se faire décoller la tête, seringuer la poitrine, pour les yeux de velours d'un chef en peau de zébi ?

C'est que l'ignoble n'avait peur de rien, même pas de donner un contre-ordre deux heures auparavant. Manquait pas de sang, la vache ! Et ça se réclamait de l'intérêt supérieur, ça, madame ! Lugubre planqué ! Derrière son buvard, il était à foutre ! C'est qu'il avait poussé le bouchon des éléphants roses jusqu'au bout, l'infernal ! Avait continué son ignoble double jeu de détrousse-caleçon jusque sur le champ de bataille ! Foutu imposteur ! Empaqueté castrateur ! Guerrier d'opérette ! Capdebosc en avait du feu devant les yeux. Il restait seul avec ses pensées. Devenait franchement caractériel, entièrement tocbombe.

Agité par un tremblement fiévreux, il formait le vœu que sa haine le conduise à nouveau en travers de la route de celui qu'il tenait pour un sanglant boucher.

*

* *

En attendant, il filait vers le bas de la côte.

Tincry et Charpaillez étaient dans son sillage. Ils se demandaient combien de types de leur compagnie avaient survécu à l'horrible carnage. Ils pensaient à tous ceux qui ne gouailleraient plus jamais au petit jour, qui ne tireraient plus jamais sur l'ennemi avec leurs yeux brouillés de larmes.

Le long des tranchées devenues un plus haut remblai, derrière une muraille de bouse étayée de madriers, ils avançaient, silencieux. Ils se confondaient avec le terrain.

Ils ruminaient.

52.

Chemin faisant, ils avaient rattrapé Ramier, ils avaient rattrapé Montech. À un carrefour, ils avaient retrouvé Matabian.

D'un rire effrayant, le petit garagiste avait salué l'arrivée de Capdebosc.

— « *À vaillant homme, courte épée* », sergent ! Avec nos baïonnettes du Creusot, z'avez pu voir, on s'est fait éplucher jusqu'à la moelle !

— Ta gueule, Matabian ! Ta gueule ou je t'emboutis !

— Si ça peut vous soulager, sergent ! mais comme dit le proverbe : « *Cheval de fer ne craint rien !* » Cette fois, les chars auraient pas été de trop !

Capdebosc avait fait le sourd. Il était passé devant le mécano sans le regarder.

*
* *

Là-dessus, au carrefour suivant, Korodine avait fait son apparition. Appuyé sur Chevillard, drapé dans une capote faite de débris d'étoffe, le bon géant de Vilnius claudiquait bas mais marchait d'un pas d'enfer. Il ne parut guère surpris de retrouver ses amis.

— Tout le monde sont là ? se renseigna-t-il en assurant sa prise sur l'épaule du frêle Chevillard et en l'ébranlant de tout son poids.

Piqué par la curiosité, Ramier était venu se camper sous le blair de l'ancien professeur de philosophie dont la pèlerine, finement ajourée en lanières, paraissait avoir été becquetée par des escadrilles de choucas à moins qu'elle n'eût subi un bombardement d'escarbilles.

— Sacré « Crosse-en-l'air » ! s'était-il écrié, sincèrement étonné de retrouver en vie l'increvable Chevillard, comment vas-tu la santé ?

Et, coulant un regard bleu outremer du côté des gros yeux ribouleurs du pacifiste :

— Toi qui voulais rendre ton livret ! T'as fait du rabiot par le fait !

— Le camarade « Crosse-en-l'air » s'est battu comme un lion ! annonça Korodine avec fierté.

De sa large patte de grizzli, il flatta l'échine pelée de son fragile tuteur, et s'adressant à Capdebosc :

— Sergent, je vous présente un héros !

— Je n'en ai jamais douté, marmonna le boulanger. C'est la guerre qui est perverse. Ça n'est pas celui qui ne veut pas la faire !

La mélancolie était inscrite sur le long visage émacié du boulanger. Les sourcils épais, les cheveux emmêlés et grisonnants, les joues creusées par l'insomnie, il fixait les yeux exorbités du grand échalas voûté dont les globes roulaient au fond d'arcades maçonnées d'épaisses croûtes de terre bien compactes.

Il parut surpris d'y trouver une sorte de candeur enfantine.

— Vous savez, Chevillard, murmura-t-il, en continuant à dévisager la gargouille humaine, je ne vous en veux pas pour votre inconduite, là-haut, au moment du grand ramdam. Moi aussi, je suis bien fatigué.

Et après un temps :

— C'était chaud dans la mouscaille, n'est-ce pas ?

— Voui sergent.

— Vous y avez laissé vos lunettes ?

— J'ai fini par les perdre. Sans « monsieur Korodine », j'étais bon pour le champ des clamsés !

— Tu m'as servi d'alpenstock, professeur ! Sans ton aide, c'est moi qui ne rentrais pas. Au fait ? Quelqu'un aurait-il vu Boutru ? J'aimerais qu'il m'examine...

Le ton avait été désinvolte mais la mine habituellement sanguine du peintre avait laissé place à une physionomie préoccupée.

Boutru n'avait pas réapparu. Capdebosc le lui fit savoir.

Traversé par une douleur poignante, le géant venait de blêmir.

— Mille Dieux ! Malno ! s'affola Montech en découvrant son pantalon inondé de sang, c'est grave ?

— Une balle dans la fesse gauche, renseigna le peintre. Elle est ressortie côté cour, frisant d'un cheveu mes grands artistes !

— Montre un peu les dégâts ! exigea Ramier.

Le ruskoff se tourna volontiers et, dévoilant à ses amis par une fente généreusement ouverte toute sa buffleterie intime, exhiba un cul sombre et poilu, dringué en rouge comme un épouvantail.

— Messieurs, proposa-t-il, deux fusils une toile de tente, brancardez-moi, voulez-vous ?

Tandis que Montech et Tincry s'occupaient de lui confectionner une civière de fortune, Ramier jouait les amuseurs pour soutenir le moral du blessé qui venait cette fois de broncher sur sa jambe et semblait au bord de la syncope.

— Avec Malno, vous avez pas fini d'apprendre, les poteaux ! plaisantait-t-il en aidant Chevillard à soutenir le fils bien-aimé de Maria Ivanovna Malinowitch, ce saligaud d'artiste nous fait un sans-faute !... Il a dégotté « la fine blessure » !

Déjà, Charpaillez avançait son nez de fouine. La *fine blessure* ! La blessure de rêve ! La blessure pas trop grave souhaitée par chaque poilu. Celle qui vous permet d'être évacué sur un hôpital et de passer trois mois hors du front !

— Six mois que je m'essaye et j'y arrive pas ! récrimina le physionomiste du *Vênus Aphrodisia* en ponctuant sa phrase d'une chiée de soupirs. Et se faufilant jusqu'au brancard en tapinois :

— La quique et les roupettes sauves ! C'est bien ce que j'ai toujours dit, tu remarqueras... y en a qui sont bidards et y en a qu'ont rien à se mettre sous le globe...

Ramier s'était penché sur le blessé qu'on venait d'étendre sur la toile. Il lui tamponnait le front où perlait une abondante transpiration. Il le soûlait de paroles euphoriques en trottinant à côté de lui.

Disait comme ça, avec son casque au ras des yeux :

— Sacrée jeunesse ! Bientôt, tu vas jouir, vilain boiteux ! T'auras la gaule, sale gnière ! J' te vois déjà ! Les cafés ! Les glaciers ! Les dancings ! King du *frotti-frotta* ! T'iras te balader à la campagne ! Respirer les parfums et les plantes au bord de l'eau ! Peinturer les petites femmes sur l'herbe grasse ! Honorer les rombières de pharmacien au fond des barques et gamahucher les p'tites danseuses avant la fête ! Tout c' qu'est bon pour le moral ! Tout c' qui nous manque, une vraie disette ! Je respire plus, rien que d'y penser !

Neuvième couplet

Il tamponnait, il tamponnait les tempes du blessé, il courotait le long de la civière portée par Montech et par Tincry. Sans cesse par ses encouragements, il rebeurrait le marmot. Tenait la main de Korodine, aimait pas quand sa tête gondolait, quand le blessé partait en plein colletar et faisait mine d'éteindre son gaz.

Disait alors, chut ! Chut ! Parle pas ! Dis rien ! Dis rien Malno, roule sur la jante, mais fais un signe ! Voilà ! tu me serres la pogne... C'est tout comme si t'avais parlé ! Alors, dodo, mais oublie pas, fier salaud... quand tu s'ras en convalo, donne mon bonjour à Faribole !

53.

Plus le pouilleux cortège qui faisait escorte à Korodine avançait vers l'arrière, plus se déversait dans les étroits couloirs le flot des survivants exténués. On s'écrasait par manque de place. On se reconnaissait. On se montait sur les arpions pour avoir des nouvelles des différentes unités. Le bruit courait que la relève était en route et qu'on allait la croiser.

Des poilus dont la cabèche s'ornait d'un bandeau sale et ensanglanté se mêlaient aux blessés plus gravement atteints. Les services de brancardiers et les infirmiers débordés essayaient de soulager sur place les souffrances des plus amochés. À tout moment, une frange d'hommes agités, d'éclopés refluait par les boyaux adjacents.

De temps à autre, une troupe plus ordonnée, une troupe montante, la nouvelle chair à canon, se frayait un passage dans la pagaille. Pour obéir aux gueulements d'un sous-officier, des braillards soudain se taisaient. Ils posaient quelques questions « aux sacrifiés des premières vingt-quatre heures », comment ça se passe là-haut ? Combien vous étiez ? Combien il en reste ? Capdebosc ne répondait pas. Les chasseurs ne répondaient pas. Ils étaient huit. C'était la seule réponse qu'ils connaissaient. En les apercevant, les capitaines couraient d'une section à l'autre, les chefs de section, de demi-section, d'escouade, multipliaient les recommandations à leurs hommes. On ne parle plus ! Les yeux s'écarquillaient. La surexcitation était passée. Les troupiers recommençaient à s'agglutiner en formations régulières dès qu'ils le pouvaient.

Ordre du général Pellé, commandant la 153e division, les forces françaises allaient contre-attaquer du bois Sapin au bois des Boches. Les petits gars avançaient vers les lignes de feu avec l'appréhension au ventre, la pensée encore perdue du côté des cantonnements d'arrière, là où les gens habitent de vraies maisons et où l'on peut dormir sur de la vraie paille.

*
* *

La maigre colonne des rescapés poursuivait sa descente. Elle avait presque atteint le bas de la colline. Ce n'était pas encore un endroit où prendre sa retraite mais ça y ressemblait fort vu qu'on était hors de portée des projectiles à main.

À demi courbés, les huit chasseurs franchirent un terrain retourné par les obus, puis longèrent un bois bien déplumé et finirent par plonger dans un ravin où ils se confondirent avec l'ombre des arbres.

Chemin faisant, Ramier s'était détaché de la file indienne. L'ouvrier s'acharnait à maintenir le moral de Boris Korodine malmené par les secousses de la civière. Chaque fois qu'il le sentait partir un peu dans les vapes, il lui fredonnait comme ça des paroles assez gaillardes, tirées du refrain du bataillon :

La fine blessure

La peau de mes roulettes
pour faire une casquette...
La peau de mes rouleaux
pour faire un p'tit chapeau...

— Ferme tes yeux ! Ferme tes jolis yeux, Malno, susurrait le petit ajusteur, il sautillait, il chansonnait, pense à un gros derrière blanc !

— Ferme les yeux, Malno, les heures sont brèves ! renchérissait Montech du fond de son col de capote.

— Glisse au ciel de lit ! rembinait l'Auxerrois. Oublie pas ! Envisage Faribole ! Ça va te redonner du dur au cœur, du cœur au ventre, du ventre à terre !

Et à Tincry, à Montech, les porteurs :

— Allez, tas de clampins, on s' dégrouille ! On porte doucement ! Môssieur Korodine a les émeraudes ! Le derge emprosé par du fer ! Mollo ! Mollo, j'ai dit ! On y est presque ! Te v'là bientôt arrivé à l'étape, l'artiste ! Te v'là au bout du chemin ! À la une, à la deusse, à la troisse !... on défargue le colis et, gare au jambon *if you please*, on fait dans le moelleux !

Prêtant la main à Tincry, à Montech, il venait d'aider ses amis à déposer la civière le plus doucement possible sur le sol.

On venait d'atteindre un poste sanitaire, une grande tente camouflée située en plein bois, et le ruskoff, pris en main par des médecins, avait rouvert les yeux, manière de faire ses adieux aux siens.

— C'est pas demain, le renouveau de l'oisillon ! il leur avait lancé dans un sursaut de lucidité.

Sept encouragements à la vie lui avaient répondu. Sept brevets de santé. Et en route ! Malno était entré dans un monde où tous ceux qui étaient là étaient à rafistoler. Dans tous les coins, ça râlait, poumonait de travers, s'étranglait dans la glave sanglante, suppliait, hurlait sous la dent des scies.

Coma ou pâmoison, les souffles s'éteignaient. Derrière le rideau du bloc opératoire, d'autres voix s'élevaient dans l'odeur extraordinaire des désinfectants, des anesthésiques, des onguents et des poudres d'eucalyptus. Les toubibs vidaient un ventre pour en ouvrir un autre. Entre les mains expertes des infirmiers, les types qu'ils venaient de découper ressortaient emballuchonnés dans les gazes, molletonnés à l'hydrophile, badigeonnés à la teinture d'iode, plâtrés, planqués, pansés, bouchés. Les plus valides ripatonnaient vers la sortie par leurs propres moyens. On les évacuait par ambulance.

Soudain, le rabat de l'ouverture de la tente se soulevait et livrait passage à un infirmier affairé qui allait vider derrière la tente un seau émaillé empli de sang. Il revenait avec un gus porteur d'un baquet d'eau. D'un geste large, l'homme de corvée envoyait la flotte sur le billard. Un nuage de désinfectant et au suivant !

— Ça ne va pas faire un pli, ils en sont capables ! s'affolait Boris tandis qu'on l'installait sur la table à découper. Un jeune médecin se penchait sur lui. Il ressemblait vaguement à Boutru.

— Je ne veux pas qu'on me coupe la jambe, prononça Korodine. Je ne veux pas devenir un ancien combattant !

Ses derniers mots avant de s'évanouir.

*
* *

Dehors, Capdebosc avait repris les choses en main :

— Trissons, les amis ! Bonguieu ! C'est fait ! On ne peut plus rien pour lui ! Cette fois, on rentre ! Pliez les gaules ! En colonne par un derrière moi pour rentrer ! Voilà le gros de la relève qui monte, les officiers qui rappliquent ! Déjà, j'aperçois un colonel à cinq rubans. Allure impeccable, moustache cirée, vareuse ajustée, d'un bleu d'azur. Un commandant derrière le nouveau chef, tout ça pour nous, un capitaine aux cheveux blancs et un petit lieutenant d'état-major, un joli garçon distingué, souriant, avec un brassard bleu au bras, très chic parmi le chatoiement de ses aiguillettes d'or. Levez la tête, marchez au pas ! Surtout, pas de flagadas ! Ayez pas l'air d'être pâles des jambes ou en débâcle ! Soyez calmes et tranquilles, des vrais héros, qu'ils vous prennent pour ! Allez, les hommes, la mèche au cul !... On s'accroche ! On allume ! On cadence ! On balance ! Han deusse ! Han deusse ! Tout est parfait ! je veux une bonne séance, comme sur les manuels d'histoire.

Une deussse ! Une deussse !

Les saligauds ! Qu'ils aillent pas dire après qu'on n'avait rien dans la culotte !

Dixième couplet

LE FALOT

54.

Ils ont redressé l'échine. Ils ont croisé le gros de la relève. Des petits gars tout neufs. Une bleusaille aux yeux tendres.

Au moment de la jonction, le drame a éclaté.

Profitant des hasards de la marche, le garageot Matabian avait rattrapé Capdebosc. La jambe courte mais tenace, il se maintenait à hauteur du sergent.

— Vous savez ce qui me fait extra chier ? il avait fini par lui glisser. C'est tous les poteaux qui se sont fait aligner la tirelire pour rien !

Pas innocent, l'as des blindés, il n'y avait pas mis la main plate.

Fourbe et inventif, il avait bien remarqué l'effet de ses traîtres mots sur le mental de Capdebosc. Il l'avait senti vulnérable. Un signe enfin ! Même si l'autre n'avait pas répondu, il avait bien vu, ça lui portait sur le palpitant, les sueurs froides.

Il aurait pu s'arrêter.

Mais, il y a des gens comme ça, bien qu'ils se sachent méprisables, dont c'est la vocation de pousser sur la peau de quelqu'un. Ils sont comme des serpents qui se nourrissent de la poussière. Le plus naturellement du monde ils entraînent leur victime sur une pente qu'elle ne remontera pas. Et c'était son méchant truc, au garagiste, son étrange immoralité, de prendre l'air rigolard et de poignarder celui qui ne croyait pas aux tanks. Il bichait d'avoir trouvé le couteau à ouvrir les huîtres et de le tourner dans tous les sens pour faire sauter la charnière d'une personne honnête à qui il n'avait rien à reprocher sinon sa droiture.

Plus fort que lui, il avait approché sa face de croûte de cantal du visage osseux de Capdebosc. Il avait repris son insidieux dévidage. Il avait fallu qu'il lui agace encore l'encolure.

— Avouez, sergent, il avait dit avec une sombre exaltation intérieure, on s'est fait étriller sur l'ordre d'un foutu diplômé de l'art militaire qu'a voulu faire briller ses éperons !

C'était bien connaître les ficelles. Un méchant courant d'air a circulé entre les deux hommes.

— Avouez que vous en avez class ! Avouez que vous voulez plus faire leur guerre !

Il en fallait pas plus pour relancer le boulanger de Bazoches-les-Gallerandes. Il avait jeté un regard tendu pardessus son épaule :

— M'encule pas plus longtemps, Matabian ! il avait marmonné sans se détourner. Juste avec la bouche de travers et l'air féroce comme on n'imagine pas. J'ai pas honte de redire publiquement c' que tu veux m' faire dire entre les dents !

Et dressé de tout son haut, avec sa physionomie de cierge, son air caverneux et halluciné, le sergent Capdebosc n'était plus guide de sa démence. Il avait perdu les pédales. Le mufle tordu dans un plissement de bête fauve, les yeux injectés, il avait commencé à gueuler :

— Le type qui a commandé cette boucherie est un

astibloche de la plus abjecte catégorie ! Un véritable croûton d'urinoir ! Un fou maniaque ! Un piqué vif !

Matabian paraissait satisfait.

— Vous rediriez ça en face à nos chefs, sergent ?

— Clair et net, soldat.

— J' vois justement venir quelqu'un et, à son air cruel, je parie que c'est le colonel qui vous aime pas et qui parlait de vous brûler la gueule.

— Tombe bien ! hurla le sergent et se tournant vers le chef de bataillon. Viens mon mignard ! J' vais te le dire !

Les petits chasseurs s'étaient arrêtés. Sentaient la force de l'ouragan. Mais il était déjà trop tard. L'officier de haut rang poussait vers eux son cheval élégant.

— Identifiez-vous, je vous prie !

— Sergent Capdebosc Théophile ! 13e compagnie, 60e BCP !

— Quelque chose qui ne va pas ?

— Hum hum... Seriez pas le colonel Rémuzat de Vaubrémont ?

— Oui, mon brave ! Et si je ne suis pas le colonel que vous avez incendié par trois fois au téléphone, j'y ressemble fort !

— Mon colonel, vous êtes toujours une merdure ! Vous avez envoyé mes petits gars se faire massacrer à un contre cent. Des jeunes qui savaient déjà trop ce que c'est que la trempure de l'acier ! Des braves ! Ils ont tous été saignés à votre abattoir. J'en ramène une poignée de cinq ou six. Vous pouvez les zyeuter. Le regard est vivant. Le cœur est vivant. Mais l'âme est brisée !

— Sergent, je viens d'entendre vos propos. Manifestez-vous un regret ?

— Aucun regret, mon colonel.

— Vous aurez le bonjour du rapport, croyez-moi !

D'ailleurs ça va être vite fait ! Tout de suite, je m'y emploie ! Z'êtes mûr pour Tataouine !

Pour le coup, Capdebosc a glavioté entre les pieds du canasson.

Le colon a pris ça pour lui. Il a levé sa cravache.

— Je vais vous faire cracher le sang !

— M'est égal. Y a longtemps que j' suis mort ! Mes petits gars aussi ! Votre guerre est trop injuste ! Elle a tourné ragougnasse ! Y a que nous zautres qu'on s'est fait ramoner !

— Sergent, je vous casse.

— Pouvez vous mettre les ficelles en garniture où je pense !

Le colonel à ces mots ouvre une grande gueule tonnante.

— Fixe !

Tellement il est habitué Capdebosc qu'il obtempère.

L'autre fumier en profite :

— Talons joints !

— Repos !

— Garde à vous ! Talons joints, j'ai dit !

Pour lors, le sergent disjoncte. Au lieu de rectifier la position, il pète. Un grand vent. Une déchirade.

— Il faut bien soulager ce pauvre malade, il dit.

Il abandonne toute attitude militaire. Il sort sa pipe et commence à la bourrer.

— Je vais vous faire passer par les armes séance tenante !

— Et moi, pour faire définitif le plus vite possible, j' vais m' dégrouiller de répéter que vous êtes toujours une chienlit d'officier ! Un maudit cul !

— Vous jouez avec le feu !

— Ça te la coupe, hein, fayot !

Capdebosc est déchaîné.

Plus rien pour le retenir. D'un coup, il est l'avocat des morts, il parle au nom des allongés, des raidards, des mortibus. Il tire sur sa pipe avec un sourire de légitime fierté. Il découvre un grand froid glacial dans les yeux du colon et lui rebalance un jus sur ses bottes fraîchement astiquées.

— À part me mordre ou me tuer, vous pouvez rien contre moi, m'sieur, ajoute Capdebosc.

Il délire. Il beugle. Débloque. Il jette son casque. Il dégrafe son baudrier. Il se débarrasse de son revolver. Il tire sur son scaferlati comme un damné. À croire qu'il respire plus que par le tabac. À croire qu'il redevient civil à vue d'œil. Qu'il reprend toutes ses billes. Qu'il est sorti de son enveloppe de poilu, qu'il est juste un citoyen d'avant-guerre.

Une couronne de cheveux blancs danse autour de son crâne très pâle.

— J'ai envie de pisser, il annonce.

Il se débraguette et, dos tourné à son public, lansquine en disant :

— J' vais pas me gêner pour vous, mon colon ! Figurez-vous que j'ai encore plein d'envies à me passer !

Il se retourne, fait face à l'autorité, s'écrie :

— Faut pas faiblir, hein mon colon ? c'est le moment de se laver les pognes !

Il avance ses mains humides d'urine à la tête du cheval qui fait un écart. Le colonel rétablit son équilibre. Le commandant accourt. Il dégaine son pistolet et le pointe sur l'abdomen du sergent rebelle.

— Laissez, Barassin ! l'arrête le colonel. Allons jusqu'au bout du possible. Je vous écoute, Capdebosc !

— Je propose une citation à l'ordre de la brigade pour mes six petits chasseurs...

Le visage suffoqué, Rémuzat de Vaubrémont semble brusquement se réveiller.

— Allons jusqu'au pire mal au cœur ! beugle-t-il. Continuez !

On sent que que le colon, lui aussi, est atteint de la plus extrême folie.

— Y a encore quelque chose qui me gratte ! s'entête Capdebosc.

— Et chez moi, persiste la même foutue démangeaison de vous faire passer au falot !

— Falot accordé ! s'emballe le boulanger. Exécution sommaire ! Douze balles dans la peau ! Après tout, c'est ce que je cherche !

Et filant son nœud, ensoufré par une excitation surnaturelle, jusqueboutiste de sa colère et de son injuste destin, il y va à fond, il déraisonne, il ramasse son revolver, il dit en marchant parmi les officiers :

— Mais c'est pas fini ! J'irai de la gueule ! J'irai jusqu'au bout ! Faut que je chante mes notes ! Pas de grâce ! Pas de violons ! Pas de merci ! Laissez passer, bande d'assassins ! Et gardez les mains bien à plat ! Pas d'encules de gradés ! Je pète au vent ! Puisque j'vous donne ma peau, y va falloir m'entendre !

Et franchement, tout l'or de Capdebosc est là-dedans, dans ce suprême sursaut. Il reprend son souffle, il s'éraille, il donne presque des ordres, on se tait, on l'écoute, il dit vous nous avez envoyés nous faire saigner comme des cochons à l'abattoir ! *Ouxé* qu'il est l'amour du peuple souverain ? Vous pouvez penser à nos femmes à nos mères sans rougir ? il dit aussi voici ma question, c'est comme ça qu'il leur parle aux chamarrés d'état-major, c'est comme ça qu'il lui parle à l'officemare cinq galons, il lui dit espèce de bâfreux sale ventru, est-ce que la mort des hommes jeunes vous fait bander, mon colonel ?

L'autre gidouille danse sur son cheval, il vagit, danse, caracole, écume sous sa moustache épaisse, grogne, fait des efforts terribles et finit par battre l'air de ses bras galonnés :

— Gardes ! Emparez-vous de cet homme ! Je le fous au clou ! Je l'envoie au gnouf ! Direct ! Pour insubordination, injures réitérées envers un officier supérieur, trahison devant l'ennemi, incitation à la mutinerie et propos susceptibles de démoraliser les troupes ! Caporal, exécution ! Une boule de pain de munition, de l'eau et au secret ! Interdiction de communiquer avec l'extérieur ! L'affaire sera jugée demain matin. Je convoque le conseil de guerre pour dix heures. Lieutenant ! trouvez-moi cinq hommes de son gabarit ! Un par section. Non, deux ! On en fusillera deux par section ! Et si ça ne suffit pas, on puisera dans le gros du bataillon ! Un homme sur dix ! Une décimade ! Il faut faire un exemple ! Nom d'un sac ! La fière époque ! Cette fois, c'en est trop ! Je vais vous écrire tout ça noir sur blanc ! Je vais vous parafer les attendus sur un grand papier ministre à cachets !

55.

Dans notre section, c'est Truchaud qui a été désigné d'office pour le peloton d'exécution. Paraît qu'il avait tenu des propos pacifistes et même crié vive la Russie en arrivant à la gare, retour de permission.

Truchaud.

Truchaud Alphonse, un gars de Nevers qu'ils pouvaient pas nous fusiller vu qu'il était déjà mortibus. Étalé raide par un éclat de grenade en pleine nuque aux premières lueurs du 16 avril. Plié et enterré dans son paletot de sapin. Porté en terre depuis deux jours, champ des clamsés, division IV, allée 18. Pouvaient aller voir.

Pauv' gars ! Froid comme la terre.

Alors pour faire bon poids, ils ont rajouté Chevillard. Ça faisait deux. Le compte était bon.

Le prof de philo a dit que ça lui paraissait juste de passer au falot après le tintouin qu'il avait fait sous le feu de l'ennemi. Il a ajouté qu'il était *idéologiquement* volontaire pour être fusillé.

Ah, les beaux jours ! Quand les gardes l'ont jeté en prison, il est resté planté comme un clou au milieu de la pièce.

Au bout d'une heure, il a appelé la sentinelle. Le

planton était un grand filou à moustaches avec une figure allongée prise sous un calot trop petit pour sa pointure. Ça lui donnait une allure de soldat pas complet.

Chevillard s'est précipité au-devant de lui avec un sourire hospitalier. Il a approché sa bouche puante de l'oreille du factionnaire et a commencé à lui parler bas, que toute la taule entende pas son affaire. En même temps, il a glissé une pièce d'or dans la main de son interlocuteur, une grosse pièce de cinq balles, une vraie petite fortune.

Deux heures plus tard, le garde (qui avait sous-traité ses heures de faction avec une bleusaille) est revenu tout fumant du cantonnement.

— Pas pu faire plus vite, Chevillard, il a chuchoté sur le souffle, j' t'ai rapporté du sec, comme tu m'avais demandé. Et aussi ta grosse bible... deux kilos quatre, à c' qui paraît... le genre de grimoire illisible !

Le gars faisait allusion à un fort volume relié plein cuir qu'il avait fourré à la hâte au fond d'une musette.

Ambroise Chevillard n'a pas pipé mot ni merci. Il s'est changé. Il a enfilé une chemise et un gilet de corps propres. Du fond du sac kaki qu'on venait de lui ramener, il a fini par tirer un gros livre ébouriffé et une paire de lunettes de secours. Il s'est assis sur l'unique tabouret. Il a ouvert l'ouvrage et s'est jeté dans les pages sous les yeux médusés du factionnaire.

Après le coup des cinq francs-or, ce dernier se demandait s'il n'y avait pas plus à gagner sur le dos de la bête.

— Plutôt que de brantoler la girafe avec des mots incompréhensibles, tu préfères pas que je te laisse jeter un coup d'œil sur *Les Veillées des chaumières* de samedi ? a-t-il proposé.

L'englouti n'a même pas daigné répondre.

La curiosité retenait le geôlier en face de ce drôle

d'oiseau qui préférait la philosophie à la lecture des *Jonquilles de Valauré* par André Bruyère.

— Mince ! il cessait pas de répéter. Mince, c'est à savoir ! On n'est pas tous sortis du même tonneau !

Il s'apprêtait à reprendre sa garde. Ses yeux s'irisaient d'incertitude.

— Mince, il récapitulait en récupérant son flingot au râtelier.

Et s'adressant au poste, à ses copains, à la cantonade :

— Visez un peu l'exemple, les bleus ! Sur le point d'aller aux fleurs, Chevillard flotte dans ses rêves !

Inatteignable Chevillard !

Quand elle germe, la folie dépouille de la matérialité et du sens commun. Ni le temps, ni la raison, ni le témoignage de la vie n'avaient plus prise sur le professeur. Sans manifester le moindre intérêt pour ce qui se tramait autour de lui, loin des petits devenirs mortels, il s'était immergé dans la relecture de *Par-delà le Bien et le Mal*, écrit vers 1886 par son cher Friedrich Nietzsche.

Il a passé des heures la tête dans les épaules. De temps en temps, ses lèvres remuaient. Lorsqu'un gargouillement d'estomac déchirait ses entrailles, il tendait machinalement la main vers un morceau de pain rassis et commençait à le mordiller sans faire de mines. Il était tellement absorbé par son bouquin !

Il a lu toute la nuit.

Le lendemain, présenté devant le tribunal militaire dans son uniforme en haillons, Chevillard est allé au foin.

Il n'a pas arrêté de tirer sur l'élastique. L'œil marécageux, il ricanait. Faiblard sur ses guindots, il s'était réfugié dans l'insolence. Il fixait avec intensité une brochette de juges qui semblaient de bien morfondante humeur.

Au président, un colonel à tête de hibou blasé, il a

présenté son derrière avec un sourire gredin. Il lui a exposé toute sa boutique.

À peine reculotté, il a renversé chaises et barrages. Cassant la binette du personnel musclé. Dix heures du matin ! En possession d'une force inédite. Grimpant des quatre fers les étages du clocher de l'église. Suspendu à la grande cloche. À cheval sur une gargouille. Récitant Nietzsche à qui voulait l'entendre. Jetant l'anathème sur le christianisme et ses valeurs morales d'esclave, prônant la conquête de la liberté et l'affranchissement des critères établis, tout en haut du clocher, il a commencé à bahuler des cris affreux en l'honneur de Dionysos.

Pour finir, en équilibre au bord d'une corniche effritée, il s'est dépouillé de sa vêture. S'étant pelé comme un oignon de ses épaisseurs, débarrassé de son sous-vête, il observait son corps nu qui faisait un effet d'ivoire dans le contre-jour du pâle soleil printanier. Têtes levées, toutes les huiles étaient là. Plus d'une demi-heure, il leur a donné sa représentation.

À la fin, gelé, tremblant le grelot dans l'aigre saison, il n'était guère d'humeur à lever son onzième doigt, comme l'on dit. Son dardillon n'était que fiasco de muscle flasque et riquiqui quiquette de nouveau-né.

Comme il avait trop fait chier les militaires, les salauds ont fini par l'abattre.

Épilogue

Lettre de Raoul Montech à Pauline, son épouse.

Le bois des Boches, 28 avril 1917.

Ma bien-aimée,

Voici une dizaine de jours que nous n'avons pas été au combat. Le canon tonne dans le lointain.

Décidément le code de justice militaire est intraitable ! Je verrai toujours devant mes yeux l'image du sergent Capdebosc.

Face au front des troupes, il redresse sa grande carcasse étranglée d'émotion.

Il roule des yeux de bête courante. Il achève de consommer les dernières parcelles de sa chienne de vie. Il s'acharne. Il sait que tout doit avoir une fin. Comme pour exorciser le triste spectacle auquel il a convié malgré lui ses camarades, il a le comportement sauvage d'un sanglier aux abois. Sans cesse, il charge et repousse les gardes par peur d'étouffer. C'est comme s'il avait peur qu'ils lui masquent l'énigme sombre du chemin incertain qu'il s'apprête à prendre.

On l'attache face à ses propres camarades, lui, l'intègre, lui, le pur. Les mains ligotées au poteau, on le dresse au mât d'infamie. Il se cabre. Ses lèvres restent arides.

Il refuse qu'on lui bande les yeux. Son regard enfoncé dans la caverne de son front, les joues creuses, il cherche ses vieux amis. Je suis sûr qu'il m'a regardé.

Amoindri et perclus dans ses os, assoiffé peut-être, il écarte imperceptiblement les écailles de ses lèvres gercées avec le tranchant de ses dents.

Il murmure pour lui-même quelque chose que nous n'entendons pas.

Un quart d'heure auparavant, il a asséché le quart de gniole que lui tendait un de ses geôliers.

— Une vraie gorgée de dernier sacrement ! a-t-il prononcé. Pinardier, pour l'occasion, tu aurais pu en prendre du meilleur !

Il a refusé l'assistance de l'aumônier.

Il est mort comme un brave.

Un capitaine est passé devant nos rangs. Vif-argent, il a couru jusqu'au centre du dispositif. Il a prononcé quelques paroles. Emportées par un méchant petit vent qui donnait l'onglée, ses mots se sont égaillés pour toujours vers le rendez-vous de l'Histoire. Au passage, j'ai attrapé « juste guerre » et « mourir dans l'indignité ». C'était un officier de petites funérailles. Après « heureux les épis mûrs et les blés moissonnés », il est reparti vibure, floquant dans ses bottes un peu vastes.

En attendant, on attendait. Les petits troufions au garde-à-vous, on attendait.

J'étais au coude à coude avec mes amis Maupetit et de Tincry. Ils étaient d'une pâleur extrême. Ils s'étaient rasés.

Un cri.

Un ordre, lancé par le petit lieutenant d'opérette noyé dans sa fourragère dorée. Les armes qui claquent à la manœuvre. Et le peloton se prépare au tir.

Le capitaine abaisse son bras emboîté d'un grand sabre.

Un feu de salve crépite et l'honnête boulanger de Bazoches-les-Gallerandes culbute, s'affaisse. Douze balles dans la peau !

Quiconque, n'importe quel clampin ordinaire serait mort sur le coup ! Mais lui, comme un reproche, soubresaute et dégorge son sang.

Le petit lieute avale sa salive. Il fait cinq pas en direction du supplicié. Un instant, il l'examine et constate qu'il remue les lèvres. Le boulanger raconte des trucs incomprenables. Dans les rangs, chacun pense que dans un peu, Capdebosc va fermer la lumière, mais il tarde à le faire. Le lieutenant se penche sur lui. C'est vilain. C'est rudement vilain. Le fusillé pleure du sang et une jambe encore remue convulsivement. Un grand désarroi se lit sur le visage du jeune officier.

Il finit par se tourner en direction des autorités supérieures. Rémuzat de Vaubrémont s'est dressé sur l'encolure de son cheval. Le vieux a des yeux à peine fendus, mais fouillants. Il hésite. Et puis, d'un coup, fait un signe de sa main gantée.

Le petit lieutenant baisse la tête et obtempère.

Une décharge de revolver derrière l'oreille du fusillé et tout est réglé. Mastoïdite militaire modèle 1917 ! C'est la mode de nos jours de sanctionner le moindre écart. Pas de rebiffe ! Pas de discussion ! Pas de subversion ! Sinon la gradaille bronche. Tombe de son pinacle. Hennit du haut de son grand cheval de cuir. Quoi ? Qu'est-ce ? Le griveton renaude ? Le petit soldat bûche sur le mal que lui donnent les assauts ? Mal vu, l'enfant ! Expédié au titre des exemples !

Pourtant, tu m'as entendu parler de Capdebosc. Ce n'était pas un crime qu'il avait commis. Loin s'en faut ! Il avait seulement voulu épargner nos vies.

C'est révoltant, mais c'est ainsi.

Sois prudente, ma chérie. Tu ne peux pas te faire une idée comme nous sommes malheureux, ici. Tu le sais, je n'ai pas l'habitude de me plaindre mais, cette fois, la coupe est pleine ! La vérité, personne n'en veut.

Et tiens ! J'en ai appris une plus belle encore ! Il paraît qu'on lit notre correspondance. Ils peuvent être fiers d'eux !

Je croyais qu'une lettre de soldat était une chose sacrée.

Je constate que le patriotisme du début, emballé, national, revanchard, cocardier a fait place, dans le monde militaire, à du mesquin, à de la suspicion de petite envolée ! À du traquenard de vaseux êtricule. On fouraille dans le peu d'intimité qui nous reste ! J'en suis écœuré. Jusqu'où irons-nous dans l'engrenage et dans la gourme de cette atmosphère malsaine qui oppose les vrais combattants de terrain à des embusqués de salon qui bombent le torse sous le faix des décorations comme des athlètes de foire et nous envoient au casse-pipe.

Bien chère Pauline, je m'arrête là. Je suis trouble devant les yeux.

Tu le vois bien, ton pauvre mari est emmanché dans un triste fourbi et t'avouerais-je que je ne sais plus s'il vaut mieux tout accepter, effacer les épaules, se conformer au rôle passif et subalterne qu'on m'attribue et subir le joug ou m'insurger contre l'autorité qui fait furie de nos corps et nous envoie mourir tôt ou tard dans les pesanteurs d'un charnier sans fin.

Nous voilà cantonnés dans le village de Soupir. Soupir ! Le bien nommé !

Sans doute le repos va-t-il me faire du bien et le sommeil me porter conseil. Je dors depuis huit jours dans la paille et suis redevable de ce luxe à mon ami Ramier (Guy Maupetit), dont la débrouillardise est légendaire. Il a trouvé ce nid que je partage avec Arnaud (de Tincry) dans la grange d'un presbytère détruit.

Korodine, le bon géant dont je t'ai maintes fois parlé et qui est notre quatrième, nous a quittés. Blessé, il a été dirigé sur un hôpital de l'arrière. Troyes, je pense. Derrière l'église, j'ai trouvé un vestige de croix renversée et je prie chaque matin au milieu des herbes folles pour que l'amputation lui soit épargnée.

Je pense à toi, ma chère épouse, à Château Mourasse, à

notre magnifique domaine, à la douceur aquitaine, aux beaux enfants que j'aurais aimé te faire. Embrasse tendrement ta sœur, la gracieuse Émilie, et si cette lettre t'arrive, ne la communique à personne. Je n'aimerais pas qu'on s'informe des plaintes qui sont les miennes et que je ne saurais renouveler sans compromettre ma sécurité.

Pour tenter d'effacer la tristesse de ce courrier, je voudrais, sans te fournir d'espoir inutile, te faire la confidente d'un bruit de couloir auquel je n'ose pas croire : il serait question que certains d'entre nous partent en permission ! Comme je n'ai bénéficié qu'une fois en trois ans de cette suprême récompense, je me surprends à espérer d'être du nombre des heureux veinards...

Vaincu par l'exaltante perspective de te serrer dans mes bras, je trouve un air prometteur à la vie.

Mille baisers, ma chère Pauline. Je te serre dans mes bras.

Raoul,
Ton époux qui t'aime.

(*À suivre*)

Cher lecteur,

Ce livre se termine par le fatidique, frustrant et prometteur À SUIVRE...

Ainsi va la vie romanesque, qui est un long songe plein de rebondissements ! La tradition du feuilleton est douce à ceux qui aiment les situations tendues, les amours passionnées, le courage inhabituel, le fourmillement des personnages, le destin aventureux des êtres et les fidèles rendez-vous avec la lecture.

Serez-vous de ceux-là ? Aurez-vous à cœur de connaître la suite ?...

Qu'adviendra-t-il des quatre soldats français jetés dans la tourmente d'une guerre longue, indécise et cruelle ?

Quelle étrange situation va trouver **Raoul Montech** lorsqu'il abordera pour six jours de permission le havre de paix de Château Mourasse ? La terre de Gironde, les vignes seront au rendez-vous, fidèles et généreuses. Mais Pauline, sa jeune épouse, a-t-elle su l'attendre ?

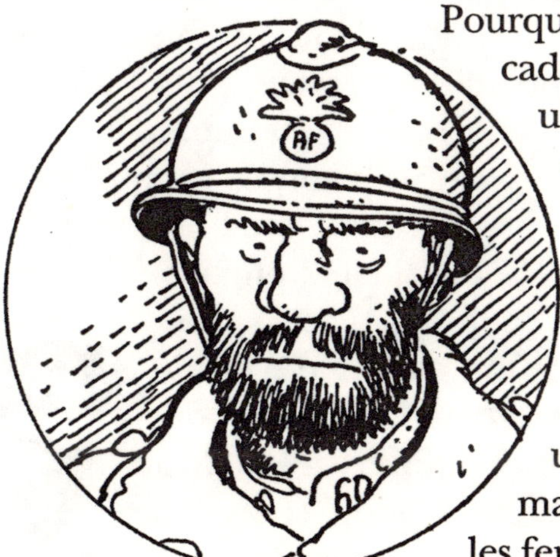

Pourquoi marie-t-on sa sœur cadette, la délicieuse Émilie, à un homme qu'elle n'a pas choisi ?

Pourquoi les demoiselles de Vertamont ont-elles su étendre leur influence de marieuses sur un domaine désormais gouverné par les femmes ?

Au jeu des retrouvailles avec Paris, **Arnaud de Tincry** retrouvera-t-il sa place bien chaude entre les draps de la belle Sarah ? Quelle mouche, quelle rage le piquera de vouloir reprendre le masque de **Spector** en l'espace de quelques jours ? Quel démon l'emportera sur la raison ? Quelle femme amoureuse et fatale, quelle espionne peut-être, saura le convaincre de tenter le vol le plus audacieux, le plus spectaculaire, le plus chimérique qu'il puisse rêver d'accomplir ?

Et pendant ce temps... Paisible Bourgogne ! **Guy Maupetit**, l'ajusteur, aura-t-il encore sa place dans une usine qui désormais fabrique des obus et des chars ? Lui qui aime par-dessus tout les lèvres charnues, le vin frais, les eaux calmes et les rives tapissées d'ombrages au détour desquelles surgit l'éblouissement d'une brusque trouée de lumière retrouvera-t-il Emma, l'institutrice, la source irremplaçable de son éveil au monde ? Est-elle encore en vie ? A-t-il tort, a-t-il raison de profiter du peu de temps destiné au rêve pour choisir de ramer sur sa barque ?

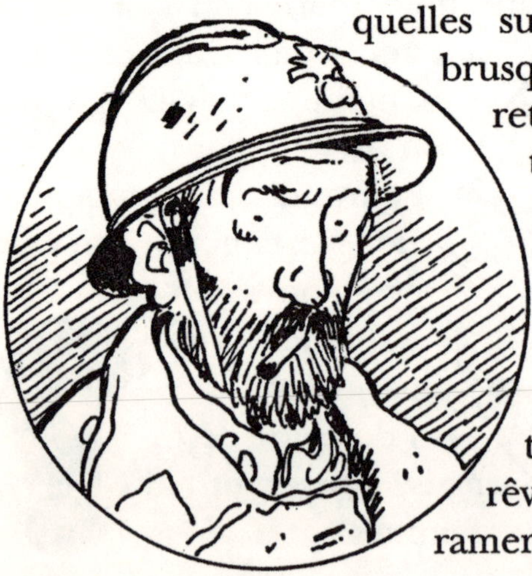

Est-il si fou qu'il y paraît, celui qui ayant senti rôder sur lui le mufle de la mort s'acharne à pêcher une carpe mythique, puis s'endort et se laisse dériver au fil paresseux de la rivière ?

Et **Boris Malinowitch Korodine** ? le rapin de la Butte, le peintre fauve, l'engagé volontaire ? A-t-il sauvé sa jambe ? Pourra-t-il jamais retrouver assez de sérénité pour peindre ? En quels lieux, en quels bras est passée la danseuse Fariba Faribole ? Témoin au mariage de Severini, Malno, un instant déserteur, rattrapera-t-il le train qui doit l'emmener à nouveau sur le front ?

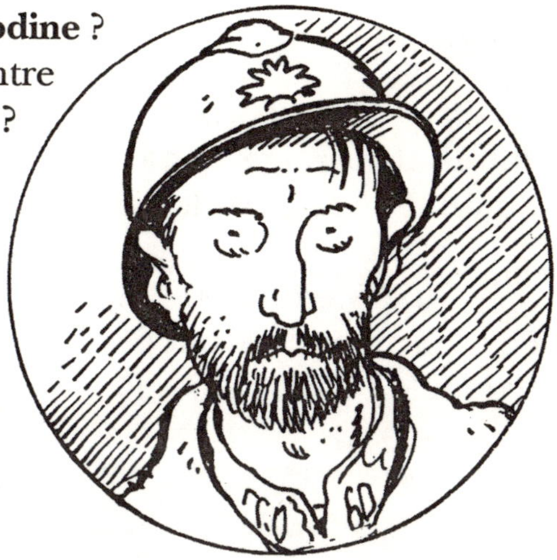

Où qu'ils se rendent, les poilus ont l'impression qu'on les oublie. Qu'ils sont de trop. Que la société qui se modernise et s'organise sans eux aborde un mode d'existence où ils ne trouveront pas leur place en rentrant. Si jamais ils rentrent !...

Insupportable est la souffrance des combattants dès lors qu'elle devient un reproche. Ceux de l'arrière, confinés dans leurs mesquins projets, respirent des perspectives de bien étroite apogée.

Mais le réalisme du sang versé balaie tous les calculs ! Le quotidien des tranchées annihile toutes les appréhensions de la vie civile, toutes les trahisons, et même les renvoie au simple rang de fadaises !

Cher lecteur

Lorsqu'ils reprendront leur place au combat, les « quatre mousquetaires » n'auront de ressort qu'en renforçant leur amitié. Unis pour le pire, le viticulteur, le peintre, l'ouvrier, le voleur, s'arc-bouteront pour résister. Sous les ordres du colonel **Rémuzat de Vaubrémont**, ça va encore bidocher sanglant !

Voués par les circonstances au sacrifice de leurs vies, acculés par la barbarie des uns et l'irresponsabilité des autres, ils partageront avec leurs camarades de combat de nouvelles horreurs, la peur des gaz et la fréquentation de la mort aux cent visages.

Qu'adviendra-t-il de leur courage ? Jusqu'où les conduira leur révolte ? Verront-ils ensemble la fin de l'ignoble boucherie ?

C'est ce que vous découvrirez en vous procurant le second volume de *Quatre soldats français* ! C'est ce que vous saurez en lisant toutes affaires cessantes :

LA FEMME AU GANT ROUGE

Table

DU MÊME AUTEUR

Romans

À bulletins rouges, Gallimard, 1973, Carré noir, 1974.
Billy-ze-Kick, Gallimard, 1974 ; Mazarine, 1980 ; Folio, 1985.
Mister Love, Denoël, 1977.
Typhon Gazoline, Jean Goujon, 1978.
Bloody-Mary, Mazarine, 1979 ; Livre de Poche, 1982 (prix Fictions 1979, prix Mystère de la critique).
Groom, Mazarine, 1980 ; Gallimard 1981.
Canicule, Mazarine, 1982 ; Livre de Poche 1983.
La Vie Ripolin, Mazarine, 1986 ; Livre de Poche, 1987 (grand prix du roman de la Société des gens de Lettres 1986).
Un grand pas vers le bon dieu, Grasset, 1989 (prix Goncourt 1989, Goncourt des lycéens 1989) ; Livre de Poche, 1991.
Symphonie Grabuge, Grasset, 1994 (prix Populiste) ; Livre de Poche, 1996.
Le Roi des ordures, Fayard, 1997 ; Livre de Poche 1998.
Un monsieur bien mis, Fayard, 1997.
Le Cri du peuple, Grasset, 1999 (prix Louis-Guilloux pour l'ensemble de son œuvre) ; Livre de Poche, 2001.
L'homme qui assassinait sa vie, Fayard, 2001 ; Livre de Poche, 2003.
Le Journal de Louise B., Robert Laffont, 2002.

Du même auteur

Nouvelles

Patchwork, Mazarine, 1983 (prix des Deux-Magots, 1983) ; Livre de Poche, 1992.

Baby-boom, Mazarine, 1985 (prix Goncourt de la nouvelle 1986) ; Livre de Poche, 1987.

Dix-huit tentatives pour devenir un saint, Payot, 1989 ; Folio, 1990.

Courage chacun, l'Atelier Julliard, 1992 ; Presses Pocket, 1993.

En collaboration avec DAN FRANCK

Les Aventures de BORO, reporter photographe

La Dame de Berlin, Fayard/Balland, 1987 ; Presses Pocket, 1989.

Le Temps des cerises, Fayard, 1989 ; Presses Pocket, 1992.

Les Noces de Guernica, Fayard, 1994 ; Presses Pocket, 1996.

Mademoiselle Chat, Fayard, 1996, Presses Pocket, 1998.

Boro s'en va-t-en guerre, Fayard, 2000 ; Presses Pocket 2003.

Albums

Bloody-Mary, dessins de Jean Teulé, Glénat, 1983 (prix de la Critique à Angoulême).

Crime-Club, photographies de Gérard Rondeau, La Manufacture, 1985.

Le Cirque, photographies de Gérard Rondeau, Reflets, 1990.

Tardi en banlieue, fusains et acryliques de Jacques Tardi, Casterman, 1990.

Du même auteur

Terres de Gironde, collectif, Vivisques, 1991.
Jamais comme avant, photographies de Robert Doisneau, Le Cercle d'art, 1996.
Untel père et fils, photographies de Christian Delécluse, Le Cercle d'art, 1998.
J'ai fait un beau voyage, photo-journal, photographies de Jean Vautrin, Le Cercle d'art, 1999.
Le Cri du peuple, adaptation du roman de Jean Vautrin, dessins de Jacques Tardi (Alph' Art du meilleur dessin et prix du Public à Angoulême 2001).
* Les Canons du 18 mars, Tardi et Vautrin, Casterman, 2001.
** L'Espoir assassiné, Tardi et Vautrin, Casterman, 2002.
*** Les Heures sanglantes, Tardi et Vautrin, Casterman, 2003.
**** Le Testament des ruines, Tardi et Vautrin, Casterman (à paraître en 2004).
Sabine Weiss, photographies de Sabine Weiss, La Martinière, 2003.

Recueils

Romans noirs, Fayard, 1991.
Histoires déglinguées, nouvelles, Fayard, 1999.

Cet ouvrage a été imprimé par

FIRMIN DIDOT

GROUPE CPI

Mesnil-sur-l'Estrée

pour le compte des Éditions Robert Laffont
24, avenue Marceau, 75008 Paris
en février 2004

Cet ouvrage a été composé par
GRAPHIC HAINAUT
59163 Condé-sur-l'Escaut

Imprimé en France
Dépôt légal : mars 2004
N° d'édition : 44598/01 - N° d'impression : 67226